外資系で学んだ すごい働き方

Career Survival

Miki Yamada
山田美樹

プレジデント社

外資系で学んだ　すごい働き方

The dogmas of the quiet past are inadequate to the stormy present.

The occasion is piled high with difficulty,
and we must rise with the occasion.

As our case is new, so we must think anew and act anew.

We must disenthrall ourselves, and then we shall save our country.

- Abraham Lincoln, at the second annual meeting of Congress, December 1862

平穏な過去の時代の常識は、嵐のように変化する現在には役に立たない。

この時代は困難と苦悩に満ちているが、我々はこれを機会と捉え、
この時代と共に立ち上がらねばならない。

新たな事態には、新たな思考と新たな行動をもって、対応しなければならない。

我々自身が、これまでの束縛・常識や当たり前だと思っていたことから
自らを解き放てば、国は栄えるであろう。

——エイブラハム・リンカーン（第16代アメリカ合衆国大統領）
1862年12月にアメリカ合衆国議会にて

はじめに

今、世界は想定外のことが次々と起こる不安定なフェーズに突入したと、感じている人が多いのではないでしょうか。

2016年6月、英国が国民投票でEU離脱「ブレグジット」を決めました。さらに同年の11月にドナルド・トランプ氏が、おおかたの予想に反してアメリカ大統領に選ばれました。これまでの常識では計れない時代に突入したと感じます。世界の秩序が崩壊しつつあり、予想できないような大きな変化が突如発生してもおかしくない時代になっています。

しかしながら、どのような状況になっても、私たちは、(たいていは雇用される側として)働き続け、食い扶持を稼ぎ、生きていく必要があります。

ですが、それだけではむなしい。仕事のやりがいや自らの成長を実感できるようなキャリアを構築していきたい。でもどのようにして、自分のキャリアを作っていけるのだろうかと、悩んでいる人が多いのではないでしょうか。

先行きが不透明な中でも、一歩一歩着実に、自分らしいキャリアを築きながら、仕事を続けていく。そのために、かつてないほど、ひとりひとりの生き方や、自分の本当の強み・弱みが問われる時代になったという実感を私は持っています。

希望するキャリアを実現していくには、特殊な才能は必ずしも必要ありません。一生懸命働き、さまざまなスキルを身につける努力をする熱意があれば十分です。一つ一つの努力を積み重ねることで、ある程度までは、誰もが到達でき、自分自身を変えていくことができます。

それは、若い人だけではなく、40代、50代になってからでも遅くはありません。いつからでも、能力開発、キャリア構築、軌道修正は可能です。自分の能力発揮のピークは、これからの未来にまだあると信じて努力すれば、誰でも何歳からでも変化・成長を遂げることができます。

本書では、グローバル企業で働くビジネスプロフェッショナルたちが、安定したパフォーマンスを発揮し、自らの人材価値を高めキャリアを築き上げていくための哲学や日常的に使っているスキルを、紹介していきたいと思っています。本書を通して、日本のビジネ

スパーソンの方々が、キャリアサバイバルのための考え方や手法の幅を広げ、充実したキャリア人生を送ってくださることを心より願っています。

ここで簡単に、私のこれまでを紹介させてください。

埼玉県の中でも、群馬県寄りに位置する行田市（人口約8万人）で生まれ育った私にとって、東京の都会や海外で働くことが、ずっと憧れでした。進学実績に定評のある地元の女子高に通っていた頃から、「将来は、さまざまな国籍、文化を持った人たちと働きたい」という目標があり、その夢を叶えたいと、国際色が豊かであろうと思った**上智大学に進学**しました。英語「を」学ぶのでなく、英語「で」学問を修めて、グローバルレベルで通用する人材に自分自身を変革させようとしたのです。上智大学卒業後は、運よくイギリスの財団より全面的なスポンサーシップと奨学金をいただくことができ、**オックスフォード大学大学院へ留学**しました。

就職サイトもない時代で、日本に戻って就職活動を行うこともできなかったので、欧州**系の戦略コンサルティングファームに、日本人として初めてロンドンオフィスにて就職。**その後は、オーストラリアのメルボルン、東京と拠点を移しながら、**外資系会計ファームの企業戦略部門、組織・人事コンサルティングファーム、事業会社など、いくつかの外資**

系グローバル企業で働いてきました。
その過程で、**ロンドンビジネススクールにＭＢＡ留学し、外資系投資銀行でのインターンシップを経験して、投資銀行やファンド数社から内定をいただいたこともあります。**

これらのトップクラスの外資系企業、特にプロフェッショナルファームでの勤務を通じて、私は幸いにも、グローバルに活躍するビジネスプロフェッショナルたちと一緒に働く機会に20代から恵まれました。外資系プロフェッショナルファームは、ストレス負荷が非常に大きく、その中で頑張りすぎて数回うつ病を発症しました。ですから、**私は心も身体も強くありません。**

このような中で、ハイプレッシャー環境でも高い成果を叩き出し続ける上司や同僚の思考や行動パターン、生活習慣を真似しながら、自分自身のスキルとして取り入れていった結果、気がつくと、私自身もそれぞれの業界トップクラスの外資系企業を渡り歩けるような外資系プロフェッショナルへと、成長を遂げていました。

私が試行錯誤を繰り返しながら彼らから学んだ「働き方」を、この本の中で皆さまにも共有させていただきます。これらが、少しでもお役に立てれば幸いです。

外資系企業で共に働いたさまざまな国籍の上司や同僚たち、ＭＢＡで知り合った世界各国から集まった同窓生たちは、誰もが自らのキャリアを積極的にデザインしていました。同時に、競争の激しいグローバルビジネスの世界で生き残っていくためのサバイバル術も身につけていました。

彼らの影響を受けてか、私もキャリア戦略を持って、グローバルな企業世界の中でこれまで何とかサバイブしてきました。計画どおり進まずに落ち込んだ時もありましたが、おおむね希望する仕事を通してスキルを身につけ、充実したキャリアを歩むことができました。ただ、そこで安住はできません。

ビジネスプロフェッショナルとして、ビジネスの世界での変化に敏感に対応し、自らを進化させ続けていく必要があると思っています。

今後さらに変化の流れが激しくなると思われるビジネスの世界において、変化に対応しサバイブしていく方法を、私たちひとりひとりがビジネスプロフェッショナルとして身につけておく必要があります。このための基本的な行動・習慣についても、本書で触れています。

これらは日本人だけではなく世界のどこでも適用できるスキルですが、特に日本のビジネスパーソンの皆さんに、お伝えしたいと思いました。なぜなら私たちは、これまでの働き方を、強い意志を持って変えていかなくてはならない状況におかれているからです。最近話題の働き方改革は、その流れの一端でしょう。

日本のビジネスパーソンはこれまで、日本国内の常識やローカルルールの下、企業内で与えられた仕事に専念し、長い時間かけて頑張ってきた方が多いように思います。しかし、日本経済は20年以上地盤沈下を続けていて、「就職すればあとは年功序列に従ってポジションと収入が得られる」といったキャリア人生はとっくの昔に消滅しています。

それなのに、日本のビジネスパーソンの多くは、まだ昭和の時代のなごりを引きずっていて、主体的にキャリアを作って行動していく人は少数派のように感じます。秩序が崩れつつある時代にあっては、これまでの日本的な働き方は通用しなくなっていくでしょう。**世界で起きていること、世界経済の大きな流れを見ながら、ビジネスプロフェッショナルとして自らのキャリア戦略を持ち、生き残る能力を身につけていく必要があると実感しています。**

では、具体的にどうすればいいのか。これからの世の中をよりよく働きぬくために必要なこととして、以下のような章立てにしてみました。

1章では、Employableな（雇用されやすい）ビジネスプロフェッショナルになるためには
2章では、プリンシプルを持って、キャリアをデザインするためには
3章では、人材価値を上げるためのスキル・経験の身につけ方について
4章では、いざとなれば転職も視野に入れたキャリアの築き方について
5章では、私が経験したグローバル企業における仕事の進め方について
6章では、セルフマネジメントについて
7章では、仕事で使える英語力の高め方について

一つ一つは突き詰めれば奥が深い分野ですが、グローバル企業での原則「80対20（仕事の成果の8割は、2割の労力で生み出している）」に則り、「このレベルまでやれば大丈夫」というところまでを記しています。

これからの時代は、細くても長く仕事を続けることが、さらに求められると思っています。しかし、細いよりも、できれば骨太な、自分らしいキャリアを築きたいものです。私もまた、皆さんと同じように、日々泥臭く、悩みながら一進一退を繰り返して働いていま

す。たとえ世の中が変わっても、個人はしっかりと生きていかないといけない。自分の幸せは自分でつくるしかない。

不安定な時代を怖がることなく、共に志高く働いていきましょう。

山田美樹

目次

第2章 プリンシプルを持って、キャリアをデザインする

第3章 人材価値を上げるためのスキル・経験の身につけ方……99

第4章 転職によるキャリアの築き方

第5章 グローバル企業の仕事の進め方……165

第6章 グローバル企業のセルフマネジメント……205

第1章

Employableな（雇用されやすい）ビジネスプロフェッショナルになるために

ビジネスパーソンを取り巻く環境は激変している

高度経済成長を経て、１９８０年代のバブル景気に至るまでの日本では、会社に就職してしまえば、年功序列に従って自然にそれなりのポジションと収入を得ることができました。

一番重要なのは、大学卒業後いかに安定した大手企業に入るかで、入社後は、出世競争はあっても、大きな失敗さえしなければポジションも上がり、日本経済の成長にのって人並みの豊かな生活が保証されていました。

しかし90年代初めのバブル崩壊から25年たち、世界における日本経済や日本企業の位置づけは大きく変わり、日本のビジネスパーソンを取り巻く環境も激変してしまいました。

終身雇用制度はほぼ崩壊し、非正規雇用が働き手の４割を占める時代です。

かつて多くの日本人ビジネスパーソンが楽観的に思い描いていたキャリアの道筋はすでに存在しません。

図表1　GDPデフレーター（年）

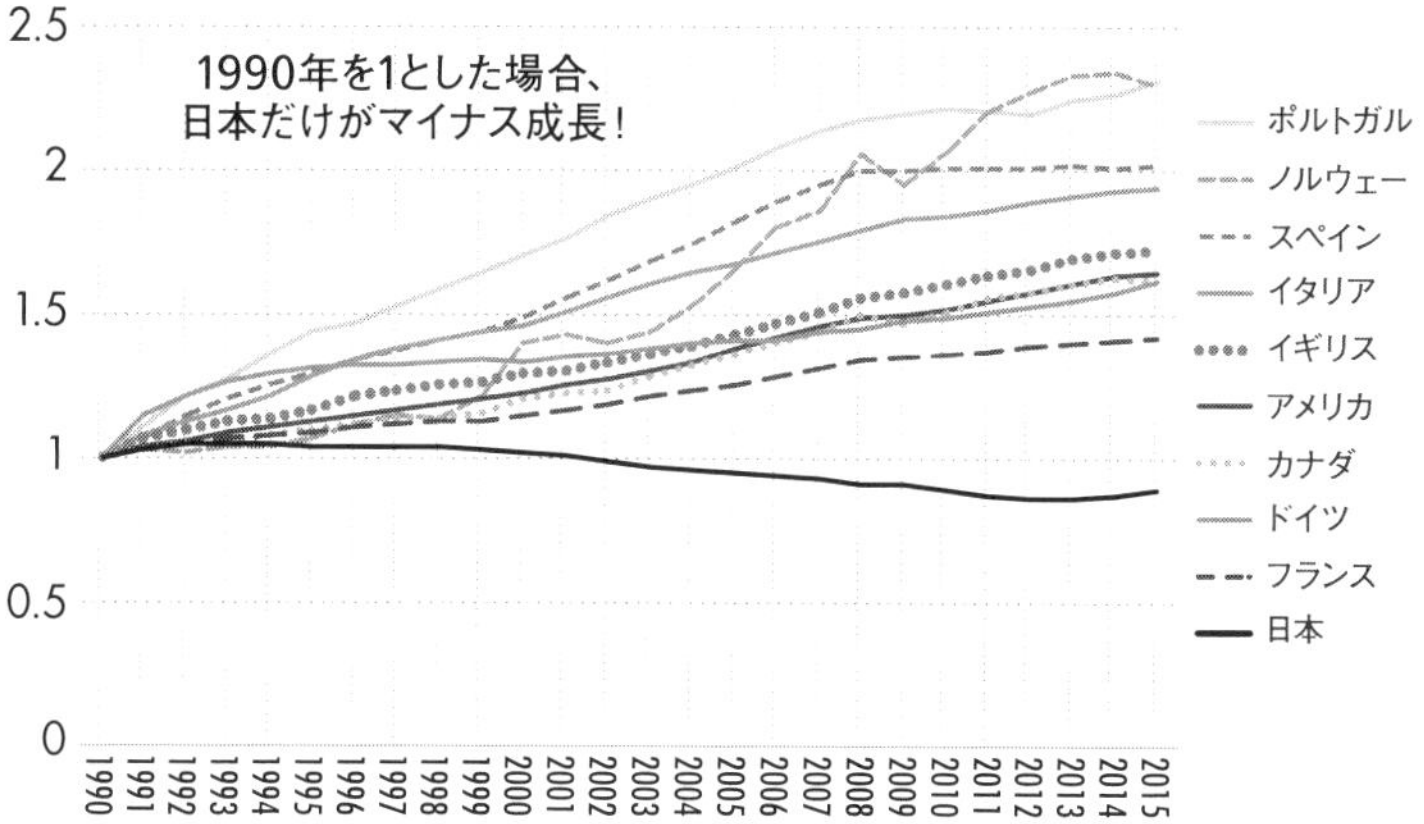

出所：IMFデータ

経済は停滞が続き、人口は今後大幅に減少していく

１９６０年代末に、日本はＧＤＰでアメリカに次いで世界第2位の経済大国となり、長らくそのポジションを保ってきましたが、２００９年には中国に抜かれ、世界第3位に転落し、その後も中国との差は大きく広がり、4位以下との差が非常に縮まっている状況です。

何より日本経済の停滞を示しているのは、成長率です。１９９０年を１００として、２０１５年の各国ＧＤＰの変化を見ると、ポルトガルが２３０％、イタリア１９４％、イギリス１７２％、アメリカ１６５％、ドイツ１６１％などと成長しているのに対して、日本

図表2　**日本の年齢区分別将来人口推測**

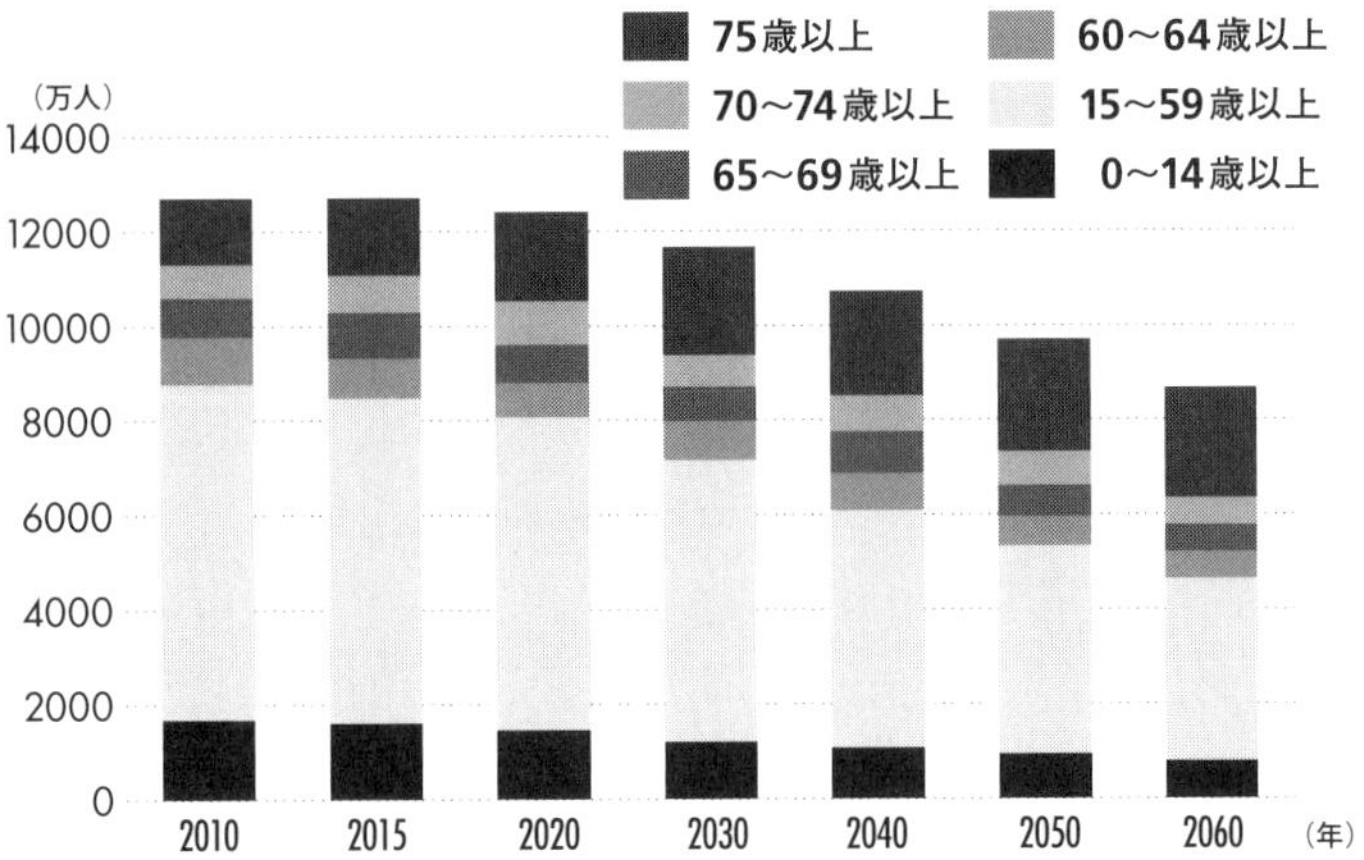

出所：平成28年度（内閣府）高齢社会白書

は99％。つまりマイナス成長です（図表１）。

さらに日本が抱える深刻な問題は、今後予想される本格的な人口減少です。

日本の人口は、２０１５年10月１日現在で、約１億２７１０万人（総務省発表）。これは５年前に比べて約94万７０００人、０．７％減少していますが、今後急速に減少を続け、２０５０年には１億人を下回る予想が出ています。今後35年間になんと約25％減、現在の人口の４分の１が減ってしまうのです（図表２）。

日本の国内市場が急速にシュリンク（収縮）するなど、日本経済に多大な影響を及ぼすでしょう。このため多くの日本企業は、海外市場への進出に力を入れるようになっていています。このような状況の中、日本人の人材的価値は以前からずっと地盤沈下を続けています。その中で、**ただ「現状維持」の働き方を続けているだけでは、人材価値がどんどん低下してしまいます。**

いい仕事を続けていくためには、自らの人材価値を高めていく戦略が必要な時代なのです。

賃金は下がり続け、上昇は期待できない

日本人の人材価値が低下し続けていることを如実に示しているのが賃金です。2009年までの約13年の間で日本は平均賃金が下がり続け（2007年を除く）、ピーク年である1997年より1割以上も下がっています（図表3）。

一方、日本を除いた先進国の賃金は上昇しています。景気や世界経済の変動によって伸び率には差があるものの、基本的には上昇しているのに対して、日本だけが下がっている。

図表3　年度別にみるサラリーマンの平均年収

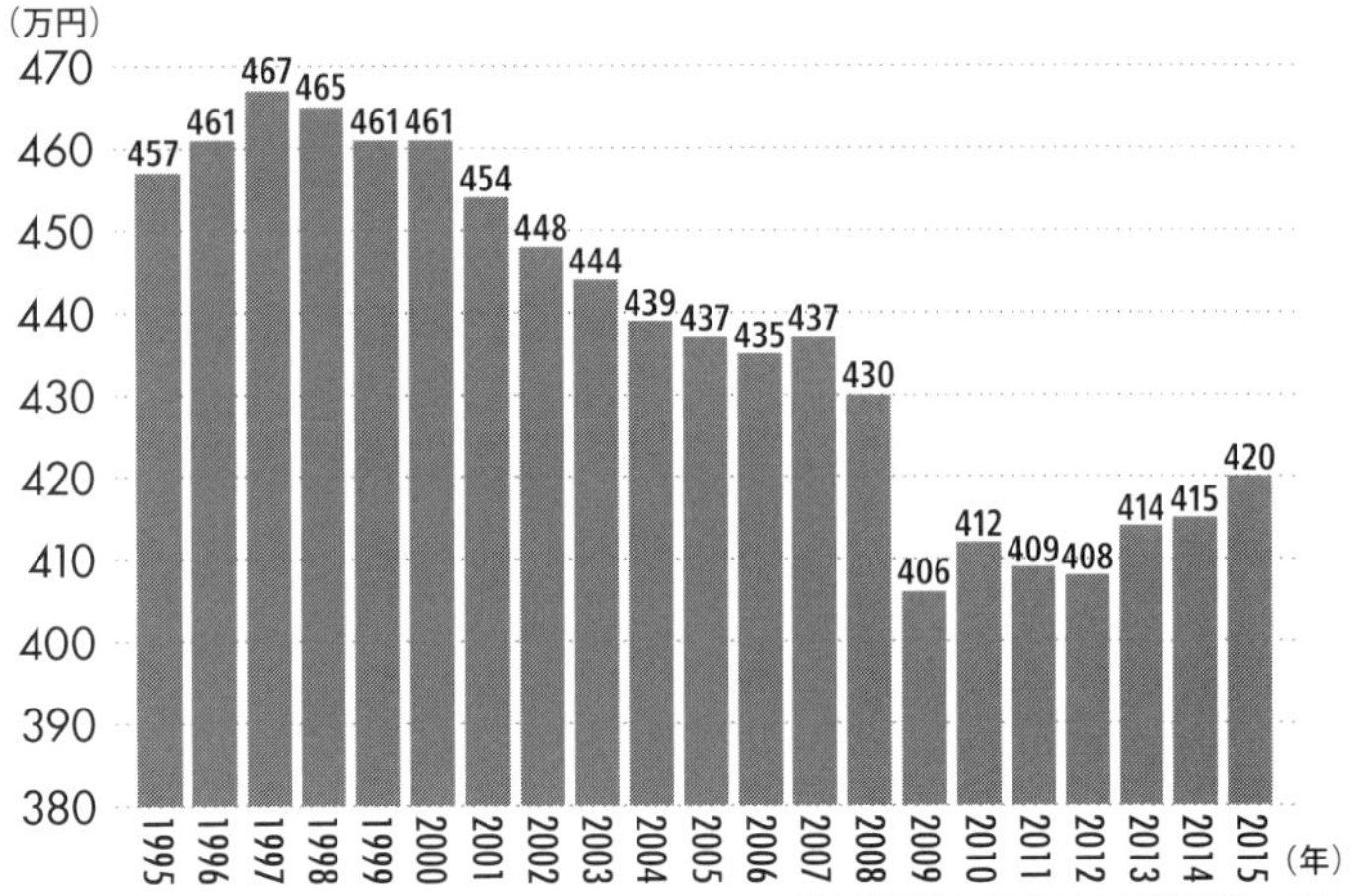

出所：平成27年 国税庁 民間給与実態統計調査結果

先進国の中で日本の賃金の伸び率は、特異な推移を示しているのです。

賃金の額をドル換算で比べてみても日本の賃金は決して高くはありません。２０１５年度の世界各国の平均年収比較によれば、日本の平均年収は３万５７８０ドルで20位。１位ルクセンブルクの６万３６９ドルだけでなく、２位アメリカの５万８７１４ドル、９位カナダの４万７８４３ドルからも大きく引き離されています（図表４）。

２０１２年以降は企業の業績回復が見られ、完全失業率も減少傾向にはありますが、賃金の大幅な上昇は見られません。ほぼ横ばいです。

賃金が下がり続けてきた大きな理由は、長く続いてきた日本経済の停滞に加え、今後30

図表4　世界各国の平均年収 2015年度

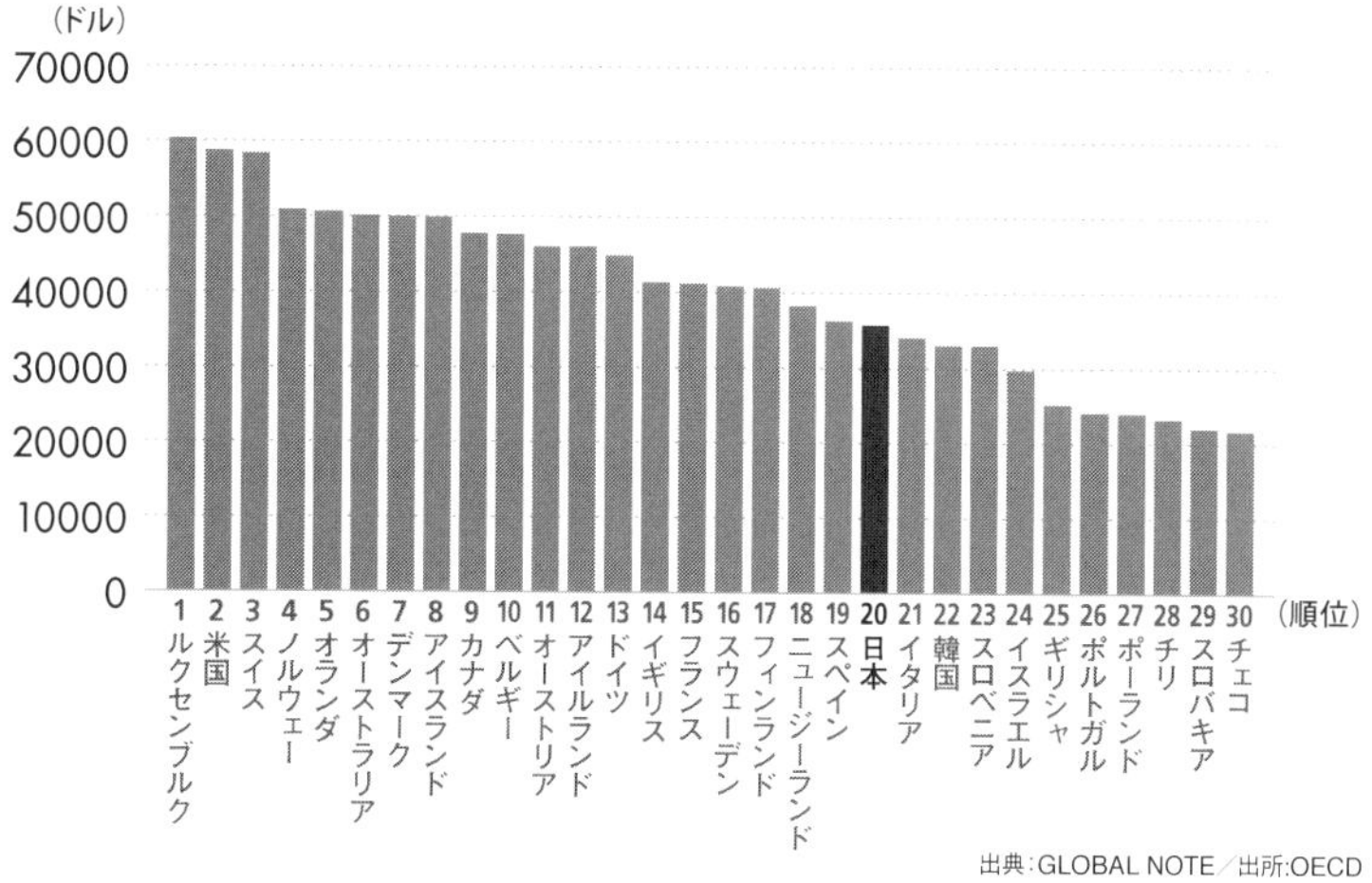

出典:GLOBAL NOTE／出所:OECD

年にわたり人口減少によって国内市場が縮小していくからです。日本国内での成長が期待できない中、多くの企業が日本国内での賃金を積極的に上げようとはしないのではないかと考えられます。

現状を冷静に見ると、今後、年収がぐんぐん上昇し続けるというシナリオは、あまり期待できないということです。

日本人であることが有利に働かない

日本企業に勤めていても、日本人であるというだけでは勝負になりません。

日本本社に勤務していても、実力のある中

国人やインド人、アメリカ人など国籍にこだわらず優秀な人が採用されつつあります。日本人というだけでは、チャレンジングな機会や面白い仕事は回ってきません。地域拠点などに権限を与えている場合は、日本本社が持っていた権限・機能も低下します。

日本の国内市場の縮小に対応するために、多くの日本企業はグローバル化を進めていますが、本社機能や主要機能を日本から海外拠点に移している企業も少なくありません。

たとえばアジアのヘッドクォーター（本社・本部）がシンガポールや香港に移り、日本が単なる一市場として捉えられるようになると、日本国内のことに関しても、シンガポールや香港の地域ヘッドクォーターで働く人たちの指示を仰ぐことになります。

すでに、ボードメンバーや経営層は日本人だけではないことが珍しくなくなり、重要な問題の意思決定は、英語を使った会議で行われるケースが増えています。

ビジネスの現場も世界に広がっています。**日本企業だからといって、日本人社員を使う必然性が薄れてきているのです。英語ができて優秀な人材であればどこの国の人でもいい。その上で、日本語ができればなおよいという状況になってきている**のです。

日本人の海外駐在員は、減少傾向にある

かつては「海外進出」となれば、優秀な日本人社員が海外の拠点に派遣されていましたが、海外に出る日本人駐在員の数は、減少傾向にあります。

人事コンサルティング会社で働いていた時に担当した日本企業は、数十社に及びますが、日本の大手企業で海外駐在を減らす傾向が軒並み見られました。代わりに現地の優秀な人を登用するか、駐在ではなく出張ベースで日本人社員が現地に赴《おもむ》くという方法をとっていました。

日本人社員を駐在させるよりも、現地の優秀な人材を活用したほうが、高いパフォーマンスが期待できてコストもかからない。そのため、進出拠点出身の優秀な人材を日本で採用して一度日本本社で働いてもらった後、彼らを現地拠点に戻し、マネージャーとして働いてもらうケースが増えています。また、日本から駐在員を送り込むのではなく、近くの異なる拠点から人材を持ってくるケースも出てきています。

日本人社員を海外に駐在させるとコストがかかる上に、投資に見合った価値を出せない場合も多いからです。日本人社員に海外での経験を積ませたいと考える企業もありますが、昨今のグローバル化の状況を鑑みると、日本人だけを優遇するわけにもいかない。グローバル企業においても日本企業においても、海外で日本人が活躍できる場が減りつつあるのです。

国内でも非日本人社員が活躍する時代になる

日本国内においても、魅力的な仕事、将来性のある仕事が日本人から非日本人に移り始めています。

グローバルにビジネスを展開しているため、**日本のオフィスでも、専門スキルがあり、かつ英語力がある人が必要とされています。**

成長分野である海外市場に関連した仕事や、開発やマーケティングなど、アジア地区やグローバルのヘッドクォーターとの意思疎通が求められるような主要分野に関して、優秀で英語も堪能な人材が優遇されるのが現状です。

このような中、やりがいのある仕事、将来性のある仕事を非日本人に取られていく傾向が見受けられるのです。

今、日本に働きに来ているアメリカ人やヨーロッパ人は、日本に興味があり日本語が話せる人も多くいます。アジアから日本に留学して、ビジネスレベルの日本語ができる人材も増えてきています。彼らは、それぞれの国のトップクラスの大学を出ている。さらに彼らは母語と日本語に加えて、英語も達者な場合が多い。人脈、現地の市場に対する理解、語学力に秀でた人材が有利なのは当然です。

今後、日本人は採用マーケットにおいて、シビアな競争にさらされるでしょう。**たとえ日本人でも、日本で就職できない状況に陥る危険性があります。**

日本国内でも海外でも、チャレンジングで成長できる仕事は限られていて、**指をくわえて待っているだけでは、重要な仕事は回ってこない時代になった**ことを認識する必要があります。

高度経済成長期は、会社の事業も拡大していたために自然と仕事も増えていき、さまざまな機会を会社が用意してくれました。これからの時代は、全く状況が異なります。会社側はチャンスを用意してくれず、今は自分から取りに行かない限り、チャンスは巡ってきません。

チャンスをつかむためには自分自身が主体性を持ち、その上で、**スキルを磨き、困難なことにも挑戦して、自らの力で成長していく必要があります。**

「現状維持」では、危険な時代になった

日本人のビジネスパーソンは、気がつけばシビアな競争下で働かざるをえない状況に置かれています。しかしながら、その現状を認識して対処できている人は、まだそう多くないように思います。

企業のグローバル化といえば、1980年代後半から生産拠点を海外に移す動きが大企業で進行し、21世紀に入ってその流れはさらに加速しましたが、人事制度は、それらと比べると大きな変化が見られませんでした。日本国内と海外で人事制度がまったく異なる企業も、多く見受けられます。

日本人社員はこれまで、日本企業内でのローカルな競争を続けてきたため、グローバル

な競争の渦中にいるという意識が育たず、グローバルな人材競争力をつけようとも考えずに働いてきた方が多いようです。

実際、外資系企業で働いていないと、グローバルな競争の中にいるという意識をなかなか持ちにくい現状があるのかもしれません。

ただ、ここ数年で状況は大きく変化しました。**2010年代、グローバル展開をする日本企業において、海外拠点も共通の人事制度のもとでグローバルに競争をする時代になりつつあります。**

今、働く意識を本格的に変えるべき時を迎えています。

確実にいえるのは、今の状態をキープするのではダメだということです。

常にチャレンジして、難しい仕事に挑み続けないと、やりがいのある仕事は回ってきませんし、ポジションも収入も上がりません。

キャリアは自分でデザインしていく

世界で通用するビジネスプロフェッショナルに必須のマインドセットは、「キャリアは自分で作っていく」ということです。「次にこういう仕事を担当したい。そのためにこんなスキルを身につけた。だから新プロジェクトのメンバーにしてほしい」などと会社側に積極的にアピールしていく必要があります。

かつての日本企業では、人事が社員のキャリアを作ってくれ、人事異動に従っていくだけで自然と専門分野ができて、キャリアが形成されるという面もありました。

しかし、昨今の人事異動は、「人が不足しているところに補充する、しかも突然辞令が出る」ケースがほとんどで、社員のキャリア形成が熟考されていない場合もあります。魅力的なポジションが空いても、社内の人を抜擢せずに、社外から即戦力になる経験者を採用することも珍しくなくなっています。

人事制度も、仕事の難易度やポジションによって給与が決まることが当たり前になって

きたので、同じ仕事を何年も続けている場合、大幅な昇給は見込めません。

人事異動の多い会社の場合は要注意です。割り当てられた仕事だけをこなして、進むべき道を意識せずに働き続けると、50歳近くになっても入社当時にイメージしていたようなポジションにつける見込みは薄く、収入も上がっていない状況が想定されます。さてどうしようか……と、その時に焦っても手遅れです。

流れに任せるだけでは、やりがいのある仕事はできず、収入は上がらない。それどころか給料が下がり始め、ポジションも上がらないという不本意なキャリアを歩まざるをえないことになってしまいます。会社から与えられた目の前の仕事を頑張ってこなすだけでは、キャリア漂流民になるリスクが高まります。

「私はこういうスキルを磨いて、この分野でこんなキャリアを目指す」という目標、キャリアビジョンを持って、あらかじめ戦略を立てて実行することが重要です。

そのために**必要なスキルを習得し、戦略を持って経験を積んでいく。社内で異動を希望する、転職するなどして働く環境を変えながら、主体的にキャリアを作っていく必要がある。**このように発想を切り替えるべきです。

フラットな世界観でグローバルに働く意識を持つ

ビジネスプロフェッショナルとは、「グローバルに通用する人材」。そう聞くと、何か特別な人のように思えるかもしれません。日本を飛び出して海外で働いている人材と解釈する人もいるでしょう。でも実際は、どこの国で働いているかはあまり関係ありません。

私はこれまでに、複数の外資系企業で働いてきましたが、ベースとなる職場の多くは日本でした。案件ごとに短期出張を頻繁に繰り返したり、数カ月のみ海外に滞在するなど、機会があれば、国境をひょいとまたいで自らが移動していくような働き方をしていました。または日本にいながら、グローバルな働き方を実践していました。

コンサルティング会社の日本支社でプロジェクトマネージャーとして働いていた時は、日本で、アジア各国や欧米にいるプロジェクトメンバーに電話会議（テレコン）やメールで、指示を出したり、仕事の進捗状況をチェックしたり、方針を出すような仕事をしていました。加えて、日本にいながらにして、クライアント企業のグローバル戦略やポリシーに関わる提案書や、今後の全社方針にインパクトを与えるようなレポートを英語で作成し、それが全世界のレファレンス（参照資料）として使用されることもあり、グローバルインパクトのある仕事をしていました。

「グローバルに働く」と聞くと、日本を飛び出さないと難しいのではないかと誤解している人も多いですが、**日本にいてもグローバルな働き方はできます。どこにいるかではなく、働き方、インパクトの出し方の問題なのです。**

世界のグローバル企業で働くビジネスプロフェッショナルは、みんな同じ意識で働いています。**専門的なスキルを持ってプロフェッショナルとしての実力を生かし、世界のどこでも、誰とでも働ける人、世界のどこでも働く意識のある人、グローバルレベルのインパクトを普通に出す人が、「グローバル人材」です。**

グローバル人材は世界がフラットなのです。

「日本を飛び出して世界へ、それが王道」ではなく、「日本を脱出して、アジアで頭角を現してそのあとは欧米で」といった地区予選を勝ち上がっていく感覚でもない。

プロフェッショナルとしての実力を発揮できる職場であれば、アメリカでもアジアでも南米でも欧州でも日本でも関係なく、働く場所として考える。もちろん治安や環境などは考慮するでしょうが、〝どこでも働いていく〟というマインドセットです。

グローバル人材＝英語が堪能な人ということでもありません。

ただし、世界各地にいるメンバーと仕事をするには、問題解決力や方針決定力、コミュニケーション力といった基礎スキルが必要になっていきます。コミュニケーションの一つとして英語力も当然必要です。ですが、英語力だけがあってもグローバルな人材ではなく、大前提として世界で通用する専門スキルやビジネス経験が必要です。

英語力が足りなくてグローバル人材になれないというのであれば、必要な「レベル」の英語力のみを身につければいいと世界のビジネスプロフェッショナルは考えています（英語力については7章で紹介します）。

仕事のライバルは海外にいる

経済誌では毎年のように、「年収ランキング」や「稼げる業界ランキング」など、さまざまなランキングが発表されます。ライバル会社と比べて給料で勝ったとか、ボーナスで負けたなど、非常に細かいことに一喜一憂する人もいるでしょう。

しかし、今の時代、日本国内で競争するのは、本当に些末《さまつ》なことです。日本経済全体の地盤沈下が続き、先進国の中で唯一、十数年にわたって平均賃金が下がっているため、国内のライバルに勝っても、世界的にはランキングを落としているのです。国内で小さな競争をしていても、全く豊かにはなれません。**気にするべきは、「世界のスタンダード」で、海外のライバル会社の状況や、そこで働く同じ立場の社員がどのくらいの給料をもらっているかです。**その上で、世界のライバルたちとのビジネススキルや収入を比較するべきなのです。

私のライバルは、ロンドンビジネススクールのMBAの同窓生たちです。今、ロンドン、ニューヨーク、シンガポールなどで働いている彼らと比べて、私のビジネスプロフェッショナルとしての価値はどうか、経営にインパクトを与えるような仕事をしているか、収入はどうかをチェックしています。

正しい野心を持つことも大事

私は、大の歴史ヲタクです（若干こじらせ気味なので、ライトな「オタク」ではなく、重い「ヲタク」です）。これまで歴史上の人物から多くのことを学び、彼らの生き様に自分をなぞらえてきました。

戦国武将、前田利家は、「心は富士山ほどに持て（侍なら、富士山ほどの非常に高い志を持つべし）」といっています。今こそ日本のビジネスプロフェッショナルは、前田利家の言葉を聞くべきです。**自分を高めるための正しい野望も持つことも大切です。**

最近、野心が低い、もしくは野望を持たない人が増えているように感じます。出世してポジションを上げることに対しても、「面倒な責任が増える」とネガティブに捉えています。しかし、仕事を通して周囲や会社に貢献し、自らも成長していくことこそが、ビジネスプロフェッショナルの王道だと私は考えます。

今の時代、自分自身が強い意志を持たないと成長できません。目線を上げ、難攻不落な目標に向けて自らを奮い立たせて頑張る中で、成長を遂げることができ、組織にも貢献できます。楽にできそうなことだけを積み上げていっても、低空飛行のキャリアにしかなりません。そこそこのレベルに甘んじるよりは、高い志を掲げ、キャリアビジョンを描いたほうが、圧倒的な成長、飛躍を遂げられます。その結果、満足いく収入と仕事における達成感も得られるでしょう。

侍のように目線を高く、キャリアを築いていきましょう。

Employability（雇われる力）を高めよう

ビジネスプロフェッショナルへの道を歩んでいくと、結果としてEmployability（エンプロイヤビリティ）が高まっていきます。

Employabilityとは人事関係者がよく使う言葉ですが、直訳すると「雇われる力」「雇用（されやすい）力」です。

専門的なスキルや豊富なビジネス経験、コミュニケーション力や、優先順位を見極める

力など、ビジネスで必要とされる総合的な能力がある人は、Employability が高いということになります。

ビジネスプロフェッショナルを極めていくことで、好きな仕事を選べる力が高まっていくのです。やりがいのある仕事をしながら、満足いく収入を得られる働き先を選ぶことができ、雇用不安もなくなります。圧倒的な優位性のあるスキル・経験を持つことで、独立・起業の道も開けてきます。

「どこでも好きな仕事を選べる」ということは、仕事にオプションがあるということで、今、働いている会社に無理してしがみつく必要はなくなります。

日本経済の停滞、日本企業の凋落《ちょうらく》は今後も続くかもしれません。日本の市場縮小に対応できず、グローバル化の流れに乗れない会社も出てくるでしょう。しかし、その流れに個人個人が合わせたり、我慢して耐え忍ぶ必要はありません。

自らの人材価値を高めていけば、自分に合った働き先を見つけやすくなります。日本国内に留まり続ける必要もなく、海外でキャリアを築いていくことも可能になります。自分のキャリア、働き方を自分でコントロールし、自分で自由に選べる実力を手に入れましょう。

意識を変えることは何歳からでもできる

日本だけのローカルルールからグローバル基準に意識を変えましょう。その上で、今までの働き方を変え、ビジネスプロフェッショナルを目指していただきたい。これが、私がこの本を世に送り出す大きな理由です。

若い世代だけでなく、40代、50代の方にもこのメッセージをお届けしたいと思います。なぜなら、今の環境では、40代、50代も日本だけのローカルルールで逃げ切れるはずはないからです。65歳まで働くとして、40歳ならあと25年、50歳でも15年も残っています。今後は70歳まで、もしくは一生現役で働くことになるかもしれません。さらに、人事制度はどんどんグローバルなルールに変わっていくことでしょう。

となると、今の40代、50代も諦めている場合ではありません。

年齢を重ねることで得た経験をレバレッジして、付加価値を生み出す。変化、成長し続けていけることを見せ、人材価値を高めていかなければなりません。

体力勝負の仕事だと年齢と共に厳しくなりますが、ホワイトカラーであれば、脳を鍛え続けることで、年齢にかかわらず付加価値を生み出し、活躍し続けられます。要は、簡単に諦めないことです。

実際、江戸時代の伊能忠敬のように、50代で隠居してから日本全国を測量して回り、日本地図を作った人もいるのです。特に、私と同年代の40代で、既に諦めモードに入っている方に、エールを送りたいです。人生はまだまだですと。

「40代に突入したら、もう伸びしろがない」というバイアスが邪魔をしているかもしれませんが、人生のピーク、能力のピークは、本人が頑張ればまだ先にあるはずです。

諦めたら終わりですが、諦めないで努力し続ければまだまだ伸びます。もちろん若い時のように「大化け」はしないかもしれませんが、前よりは上にいける。昨日よりは成長できる。諦めずに、世界に通用するビジネスプロフェッショナルとして能力を極めるよう、一緒に努力を続けませんか。

第1章のまとめ

1 日本のビジネスパーソンを取り巻く環境は激変

▶ 終身雇用は崩壊。楽観的に描いていたキャリアパスの道筋はもう存在しない。

2 国内でも非日本人社員が活躍する時代に

▶ 日本のオフィスでも、専門スキルに加えて英語力がある人が必要とされている。何もしなければ、重要な仕事は回ってこない。スキルを磨き、自らの力で成長する必要がある。

3 キャリアは自分でデザインしていく

▶ 仕事の難易度やポジションで給料が決まるようになる。同じ仕事を続けているだけでは、大幅な昇給は見込めない。

4 フラットな世界観で、グローバルに働く意識を持とう

▶ 専門的なスキルを持ち、プロフェッショナルとしての実力を生かして世界のどこでも、誰とでも働ける人、世界のどこでも働く意識のある人が、「グローバル人材」。英語は当然必要。

5 Employability（雇われる力） を高める

▶ 自らの人材価値を高めていけば、自分に合った働き先を見つけ、自由に選択することができる。

第2章

プリンシプルを持って、キャリアをデザインする

どのレベルにいるのかを確認する

ビジネスプロフェッショナルとしてキャリアを築いていくためには、今自分がどのようなレベルにいるのか、将来どこに行きたいのかを知る必要があります。

今の給与は、何を評価されて支払われているのか。今のポジションではどのような価値を生み出すことを期待されているのか。今後目指したいポジションはどのような価値を生み出すのか。希望する収入を得るにはどのような能力が必要なのか。

私は、人事コンサルティング会社で、10年近く、職務と報酬の分析に携わり、日本企業および日本に拠点を置く外資系企業がどのような役割（職務）に対してどの程度の報酬を支払うかを調べてきました。役割のレベルと目安となる年収を大まかにまとめたのが、図表5です。

まずは、自分の年収と求められている役割をチェックしてみてください（あくまで参考値であり、業界の構造や各企業の規模、収益性などにより異なります）。

図表5 **役割のレベルと目安年収**

見習いレベル❶ ～400万円

見習いレベル❷ ～450万円

大卒新人の正社員レベルです。ポテンシャルはありますが、経験はありません。仕事を一つ一つ覚えていく段階にあります。業務の流れを覚えると、ルーティンワークだけでなく自分の考えで動けるという役割期待から、見習いレベル2に上がり年収も50万円アップします。

中堅レベル❶ ～500万円

中級専門職とされるレベルです。専門性の軸が見えて、ルーティンワークをこなすだけでなく、現状を自分の視点で新たに捉えることが期待されます。ルーティンワークの上限に近いレベルです。アドミニストレーションの仕事ではこの収入がほぼ上限となります。

中堅レベル❷ 600万～700万円

ルーティンワークを超えた高い専門スキル、もしくは、汎用性の高いスキルを身につけています。突発的な事態に対応し解決できる能力、専門性を生かした新しいアイディアや手法を提案することが期待されます。

中堅レベル❸ ～800万円

仕事のスコープが広がり、課題解決も自分だけの仕事ではなく、他の人の仕事や所属しているチーム全体に及びます。役職としては課長レベル。既存のものを踏襲しているだけではダメで、新しい仕組みや制度を作り、既存システムを圧倒的に改善、改革していく役割が求められます。マネジメントの役割も増えるため、考えを的確に伝え、利害が相反する相手と交渉して合意形成する能力も必要になってきます。

上級レベル❶ ～1000万円

経営に何らかの影響力を持つレベルで、役職としては次長クラス。専門職の場合は、高度な専門性で業界でもトップクラスのタレント人材であり、次世代の技術やデザインを作り出す、イノベーションを起こすといった存在です。事業や部門全体の方針・結果に影響を及ぼすような、経営インパクトのある重要な課題に取り組むことができるレベルでないと1000万円プレイヤーにはなれません。

上級レベル❷ ～1200万円

この年収を出せるのは、大企業か中小企業でも業界トップクラスの企業。役職では部長や事業部長クラスで、次の経営リーダー候補。事業や部門を越えてコミュニケーションを取ることができるだけでなく、その結果が経営全体にも大きなインパクトを与えるレベルです。

上級レベル❸ 1500万～1800万円

経営リーダーレベル。役員かそれに準ずる待遇で大きな権限を与えられ、事業を任されています。あるいはスーパープレイヤーで、世の中に新しいものを提供する。研究職では数多くの賞を受賞しているようなフェロー待遇の方となるでしょう。

今いるポジションで求められている働き方は何か

現在の自分のポジションと、期待されている役割が確認できたでしょうか。実際に自分がどれだけ期待に応えられているかをチェックしてみましょう。到達できていないことが多い人は、キャリアとしては赤信号が点滅した状態です。特に、高い役割レベルに就いているのに期待に応えていない場合は、今後は降格、あるいはクビの危険も出てきます。早急にキャリアの立て直しを始める必要があります。

一方、「中堅レベル3のことをしているのに年収は見習いレベル2」というように、達成できている職務に比べて、年収が低い場合は、会社の規模や実績により社員に相応の収入が払えていないか、会社の評価システムに問題があります。

正しく評価してくれる会社への転職も視野に入れながら、今後さらにスキルと経験を伸ばしていきましょう。

若い世代は年収500万円の壁を越えよう

前出の図表5の見習いレベル1（年収400万円）から中堅レベル1（年収500万円）までの業務はルーティンワークが中心です。ビジネスプロフェッショナルとしては中堅レベル1の500万円の壁を越えることが一つのポイントになります。今後は、中堅レベル2に上がることを目指しましょう。

会社員やパートを含めた日本人従業員の平均年収が420万円ですので、見習いレベル1～中堅レベル1の層に属する人は多いと思います。若い世代では収入にある程度満足している人もいるかもしれませんが、**ルーティンワーク中心の仕事であれば、今後、500万円以上の収入は望めません。**

また、この先、ルーティンワークはアジア各国にアウトソーシングされ、仕事自体がなくなる危険性も高いため、より付加価値が高い本質的な仕事にシフトしていく必要があります。危機意識を持って、「高度ルーティン」の仕事から抜け出し、バリューを生み出せるようなビジネスプロフェッショナルを目指してください。

専門分野を確立し、高いスキルを身につけていくことに専念しましょう。

そのためには、日常的業務でもいわれたことだけをこなして終わっていてはいけません。常に「ここの部分は改善しないといけない」といった課題を見つけだす工夫をしましょう。

高い問題意識を持って、「ここを直せばもっとよくなる」「ここの設定を変えるともっと可能性が広がる」といった思考を習慣にしましょう。業務がルーティンワークで専門的なスキルを身につけられる環境にいない人は、社内での異動、あるいは転職をしてイチから専門スキルを学び直すことを考えてみてください。

年収800万円に安住することはリスク

収入と幸福度について調べた統計があります。**日本では、中堅レベル3の年収800万円の層の幸福感が一番高いという結果が出ています。**

収入が高ければ高いほど幸福を感じられるのではないようです。職務グレードが高く年収が高い人は仕事のプレッシャーも大きく、成果が出ない場合、失職のリスクもあります。仕事のプレッシャーが比較的低く、収入もそこそこある中堅レベル3の幸福度が高くなるのは当然でしょう。ただ、**人事のプロとしては、年収800万円の人はこのまま満足せずに、上級レベル1、上級レベル2を目指して挑戦すべきだというアドバイスをさせてください。**

その最大の理由は、日本経済の地盤沈下です。日本の中堅レベル3は、日本では年収800万円ですが、アメリカで同じレベルの仕事をした場合の年収は、日本円で1000万円程度となります。これは、日本とアメリカでは物価や給与水準が違うためです。

世界経済の中で日本の力が落ちてきて、物価も給与水準も世界的に見ると低くなっている傾向にあります。一方、シンガポールの給与レベルはアメリカと同水準で、韓国も中堅レベル3であればアメリカと同水準の賃金です。

ルーティンワークの上限である中堅レベル1の年収500万円は、ドル換算すると、アメリカでは貧困水準に近いレベルとなってしまいます。

つまり日本国内では**豊かな印象のある年収800万円は、先進国の世界的な水準でいえ**

ば、残念ですが、「少し貧乏」なレベルになってしまうのです。

相対的に「私たちは、残念ながら貧乏になってきてしまっている」のです。年収800万円は日本にいる限りは幸せですが、世界から見ると、価値がどんどん低下しています。このまま日本経済の地盤沈下が進んでいけば、先進国の世界的水準と比較して、貧乏なレベルから抜け出せません。

子供に国際的な教育を受けさせたい、将来の海外移住なども選択肢に入れたいということであれば、上級レベル1、年収1000万円レベル以上を目指すべきだと思います。

年収1200万円レベルを目指そう

800万円のレベルに安住するリスクを示し、1000万円ゾーンを目指すことを提案しましたが、**率直にいえば、さらにワンランク上の年収1200万円のグレードをビジネスプロフェッショナルの方々には目指していただきたい**と思っています。

このグレードに到達できる人数は限られていて、簡単ではありません。

それでもこのレベルを目指すことを強くすすめる理由は、**年収1200万円のレベルになると、働き方、仕事へのかかわり方がこれまでと大きく変わってくるからです。社員から経営サイドへと視点が変わり、ビジネスの見え方も変わるため、ビジネスプロフェッショナルとしては、経験しておきたい世界です。**

1000万円までのレベルは、個人のスキルを最大限に伸ばすことでなんとか到達可能ですが、1200万円のレベルに個人の力だけで到達するのは、ハードルがかなり高くなります。スーパータレントレベルの人でないと難しいでしょう。

通常は、有能なチームリーダー、マネージャーとして、組織的な成果を生み出すことができる人たちです。このレベルを目指す人は、自分の個人的なスキルを伸ばすだけではなく、組織のビジョンや目標を設定したり、他の人たちの力を引き出したり伸ばしたり、組織、チームとして大きな成果を出していくことが求められます。

つまり、他の人をいかにレバレッジできるかという能力です。個人としてのスキルではライバルに劣っていても、他の人たちを鼓舞し、能力を引き出し、組織の状態を見極めながらマネジメントしていく力に優れていれば、1200万円以上のレベルに到達できます。大切なのは自分自身のスキルではなく、チームや組織全体の能力を高めて、結果を出していくという発想を行うことです。

現在1000万円レベルの人は、組織の方向性や結果にインパクトを与えられる人材になることを目指しましょう。

チームのリーダーになる。しかも日本人社員だけでなく、海外の社員もチームに引き入れてプロジェクトを進めていけるようになれば、グローバルなレベルでのリーダーです。

役割レベルと年収の目安を説明してきましたが、ピンポイントで、今の自分にどれぐらいの市場価値（年収）があるか、すぐに答えられるでしょうか。グローバルなビジネスプロフェッショナルは、「お作法」として最低年一回は自分のレジュメ（英文履歴書）を整え、今すぐに転職する・しないにかかわらず、人材エージェントにキャリアの相談をするケースが非常に多いです。

自分の人材価値はいくらか、今、採用市場にどのようなキャリア機会があるのかを捉えた上で、それでもやはり今の会社に残るべきか否かを考えます。

海外では日本より人材が流動しているので、2年ほど同じ会社・ポジションにいたら、次に移っても全く問題ありません。

日本のビジネスパーソンは、それほど頻繁には転職をしないと思いますが、社外に出たら、どの程度の市場価値（年収）が自分につきそうか、自分の時価を節目節目に確認しておきましょう。

自分自身の「プリンシプル」を持とう

キャリアを考える上で一番大切なものは何か。収入やポジション、そして仕事の内容です。とはいえ、人によってどこに重きを置くかも異なってきます。

年収の話でも触れましたが、金銭的な報酬は必要条件であり、報酬が不十分だと満足感は得られないでしょう。しかし、報酬だけでは、やりがいや幸福感にはつながりません。つまり、十分な条件ではないのです。

年収やポジション、勤め先といった具体的なゴールを細かく設定する前に、仕事をする上での大きな目標や夢を明確にしてみてください。

「自分はどのように仕事をしていきたいのか」「どんな環境でどんな人と働いていたいのか」「どんな分野でどんなふうに活躍したいか」「仕事を通してどんなミッションを達成していきたいのか」といった、理想を伴った目標です。

私は、この目標を「プリンシプル」と呼んでいます。

たとえば「技術力を生かし世界レベルのトップ企業とコラボレートしながら仕事をしていきたい」など、自分がどのように仕事をしたいかという目標です。

次に、プリンシプルを実現するために、どんな職種で働くのか、どんなスキルを身につけるべきか、どんな会社のどんな部署で働くべきかと、具体的な目標に落とし込んでいきます。上位概念である夢やキャリアビジョンをグロウダウンさせて、より地に足のついた、具体的なキャリア開発計画を作るイメージです。

私は高校時代に、「いろいろな国籍の人と一緒に働いていたい、確固としたビジネススキルを身につけたい」という漠然とした夢を持っていました。どんな職種、どんな業界で働くといった目標はまだありませんでしたが、これが私の仕事に対するプリンシプルの土台となっています。その後、社会に出て働いて経験を積むうちに、プリンシプルはさらに肉づけされていきました。**今は、「さまざまな国籍の人と協力して、リーダーシップを発揮しながら働き、組織のリーダーとなる人を育てたい」というのが、私のプリンシプルです。プリンシプルは、異動や転職などといった大きなキャリアチェンジをする際に、意思決定の拠り所となります。**

外資系コンサルティングファーム、外資系会計ファーム、外資系事業会社とさまざまな会社でスキルや経験を積んできましたが、これらの変化は、私の仕事のプリンシプルに基づいたものです。基本理念を英語では、「ガイディング・プリンシプル（guiding principles）」と表現しますが、しっかりとしたプリンシプルを確立することで、己のキャリアも自然とプリンシプルに導かれていきました。

自分の夢を言語化して紙に書く

私と同じように、誰もが若い時に将来への夢を持ったことがあるのではないでしょうか。ただ、そのことに無自覚な方が多いように思います。

将来への希望はあるけれども、それらを明確に言語化しないまま仕事を続けている。夢や希望を明確に言語化していないために、実現するための具体的な目標やゴールが見つからない。

その結果、「収入がいい」といった表面的な条件を提示されると、すぐに仕事を変えてしまい、結局、本当に自分がしたいこと、伸ばしたい能力とは関係がなかったということになりかねません。

自分の本来の望みに無自覚で、表面的な条件に踊らされてキャリアを作っていくのは、本人にとって満足度の低い、不本意なキャリア人生となる危険性があります。キャリア漂流民に陥りやすいタイプです。

まずは**心の底に眠っている仕事への希望＝プリンシプルを見つけだして、しっかり言語化する作業を行ってみてください。**

プリンシプルは自分が心からやりたいと願っていることですから、読んでワクワクするものです。ワクワクしない場合は、本来望んでいないのかもしれません。もしかすると他の人がいいと思っていること、世の中でいいとされていることを、自分のプリンシプルだと思い込んでいるだけなのかもしれません。

本当に自分の心に響くことは何か、やりたいことは何かを考えてみてください。プリンシプルのあるキャリアを目指しましょう。

プリンシプルを紙に書く

プリンシプルについては、最初は漠然としたイメージで構わないのでどんどん書き出してみてください。ノートでも半紙でもメモパッドでもいいのです。書いていくうちに徐々にブラッシュアップされ、プリンシプルが明確になっていきます。

「これが私のプリンシプルだ」と確信できたら、清書して、常に目にするところに飾るなり、貼るなりしておきましょう。

プリンシプルに限らず、自分がしたいこと、成し遂げたいことは明文化し、何度も読んで確認する。イメージを、絵で表現するのもアリです。

そうすれば目からメッセージが入り、頭にすり込まれていきます。目標や水準点をぼんやりと描くのではなく、具体的に言葉や絵にして、常に確認することが大事です。進路に迷うような時は、最初のプリンシプルに立ち返る。私はプリンシプルを書いた付箋を手帳に貼り、毎日眺めることで、それらを実現するために最も適切なことを選択するようにしてきました。

プリンシプルを実現するために、どのようなルートで進むのかをイメージし、それぞれの到達ゴールを考えて、必要なスキルや経験などをリストアップしていきます。

たとえば、「さまざまな文化、国籍の人と一緒に働いていきたい」というプリンシプルの実現のために、外資系企業への就職を目指し、まず留学して英語力をつけるという順序で目標を立てる人もいるでしょう。あるいは、まずは外資系企業に就職する。その後、MBAを取得してさらに専門スキルを深めてから、キャリアアップを重ねるというように進む人もいるでしょう。

目的地、ゴールを決めた後、どんな道のりでいくのか通過地点を決めて、どうやって到達するのかを考える。目標達成に必要なスキルや経験を積み上げながら、一つ一つ階段を上がるようにゴールを目指していく。

目標を立てた後は、達成するための個別タスクとスケジュールまで書き出して、あとは実行するのみです。

ちなみに目標は、「必達目標（絶対に達成したい目標）」と、ここまでできれば最高だという「チャレンジ目標」と二段階に分けて設定することをおすすめします。

前者のみであれば、スタンダードな目標水準を達成したところで満足してしまい、さらなる成長がありません。しかし、後者のみであると、難易度が上がりすぎてプレッシャーに感じ、「どうせ無理だよ」「大変すぎる」と逆にモチベーションが下がってしまいます。両方あることで、気力を保ちながらさらに高みを目指すことができます。

また、タイムラインも同様に、通常のスピードでできそうな場合と、より早く達成できるとしたら、ということを分けて考えるべきです。普通の難易度の目標でも、最速で達成するとなれば、レベルがぐっと上がります。より早く次の景色も見えてきますし、周りからも認知されます。

このように、自分なりの戦略を立てて、一つ一つの小さな目標に到達すれば自信もついてきます。

成功体験が一個でもある人は、さらに成功を積み重ねたいと思うので、一段一段上に登っていける。これらを続けていけば、キャリアでいえば富士山8合目くらいまで到着できます。もう少しで頂上が見える段階になったら、ラストスパートで頑張るのです。キャリアを積むことと、山を登ることは似ています。

目標を定めて、戦略を持って突き進みましょう。新しい景色を見に行きましょう。

階段を上るごとに目標は変えてもＯＫ

目標設定はとても重要ですが、一度立てた目標に固執し続ける必要はありません。大きな目標に向かって、実際に進み出してみると視点が変わり、それまでとは違う景色が見えてくることがあります。麓《ふもと》で想像していた景色と違うものが見えてきたところで、取り組みたい内容が少し変わってくることもあります。その時は、柔軟に目標を作りかえていけばいいのです。段階を上がってみないとわからないこともあります。

私は大きなプロジェクトや仕事が終わるたびに、目標の再検討をするようにしています。だいたい3カ月が一つの単位です。長期の目標、キャリアや生き方といった高次元の目標は、半年~1年くらいの期間で見直しをするとよいと思います。私は、半期ごとに行っていますが、区切りがいいため、1年という人も多いです。元日や誕生日に長期の目標を見直す人もいます。キャリアの定期健診のように考えてみてはいかがでしょうか。

キャリアゴールにはいくつかの時間軸がある

キャリアのゴールには、いくつかの異なる時間軸が存在します。

一つは、ビジネスプロフェッショナルとしての人生を貫くプリンシプル。「さまざまな国籍の人と一緒に働きたい」「リーダーシップを発揮して会社や社会にインパクトを与えたい」などの大きな目標で、十数年という時間のレンジで実現していくものです。

プリンシプルを実現するためには、さまざまなキャリアゴールがあります。どんな仕事をするか。どんなスキルを身につけるか。そのためにどんな会社のどんな部署で働くのか。プリンシプルとは違ってこうした目標は、達成すればまた次の目標が生まれて、どんどん変化していきます。その時々で必要な目標に向かって頑張っていくことが重要です。**一つのゴールは、3〜5年程度のスパンのもので、長くても10年以内で達成していくものです。**

私の場合、20代は戦略コンサルタントの仕事でリーダーシップを発揮することを一つの目標としていました。当時は、人事関連の仕事をするというゴールは設定していませんでした。仕事を通じ、さまざまな経験をしながら成長する中で、事業や組織を導くリーダーを作る、人事分野の仕事という新たな軸が浮かび上がってきたのです。

今の私は、グローバル企業のアジア地域ヘッドクォーター、たとえばシンガポールで、地域全体をカバーする人事マネージャーとして働くことに興味があります。10年後は、どの国にいるかはわからないですが、多様な国籍のメンバーと協働しながら、組織をリードできるポジションで経営インパクトを出すような仕事をしていたい。これらが実際のゴールとなるかはわかりません。でも、このように3～5年程度のスパンで次の目標の種をいろいろと育てながら働いているのです。

一方、1年以内の短いスパンの目標も存在します。これは中期のゴールを実現していくために必要なスキルを身につけたり、経験を積むといった細かいゴールです。

月単位、週単位では大きなキャリアの目標だけでなく、日々の仕事のパフォーマンスを高めるためのスキルや知識を身につけるための勉強、体調管理で体重を◯◯キロ減らすといった目標も入ってきます。手帳は1週間単位なので、毎週一冊は本を読むといった目標も定めています。一年に少なくとも50冊程度は読めます。手帳に貼ったプリンシプルも毎日読み返し、1週間にひとつはプリンシプルの実現に直結することをタスク目標に入れて、実行することにしています（ちなみに、プリンシプルを読んでテンションが上がらなくなったら、それはプリンシプルを書き直す時期です）。既に述べたように、どの目標にも、必達目標・チャレンジ目標、スタンダードなタイムラインと、より短期に達成するための Accelerated（加速された）タイムラインを設定しています。

私は、プリンシプルを含めて長期、中期、短期、1週間、1日といったさまざまな時間軸の目標を行ったり来たりしながら、視点を動かしています。本当にプリンシプルに向かって進んでいるだろうか、そのために今月はどのスキル・知識・行動変容（行動の変化）にフォーカスするか、10年スパンのテーマの達成レベルは今どうだろうかなどをチェックします。さまざまな時間軸での目標を絡み合わせながら、プリンシプルの実現に向かって進んでいくのです。

ドリームマップでアスピレーション（志）を高めよう

プリンシプルを実現するには、いくつもの目標やゴールを達成しなくてはいけません。そこで不可欠なのが、アスピレーションです。

日本語に訳すと、強い意志、強い覚悟といったところでしょうか。「ここまで登りつめてやる」「絶対に目標に到達する」といったアスピレーションが、キャリアを作り上げていくためのエンジンになります。目標を設定した後は、「実現したらいいな」ではなく、「絶対に達成してみせる」という強い覚悟を持ちましょう。

外資系企業で働く人たちは、自分のアスピレーションのレベルを上げ、モチベーションを維持するために、ちょっとした努力や工夫をしています。

たとえば好きなハリウッドスターや経営リーダーの写真を机に飾っておく。年収アップを実現させたら行ってみたい海外の写真や高級リゾートの写真を飾っておく人もいます。

プリンシプルや目標は、先ほどのように文字に書いて目に見えるところに貼っておくといいのですが、この他、いつかなってみたい自分の姿をイメージして、写真やイラストやキーワードで表現する「ドリームマップ」を作ってみるのもおすすめです。

目から入ってくる情報は、意識に大きく働きかけてくるのでポジティブな思考になり、エネルギーを保つに効果があるためです。

私は、「なりたい私」をイメージした肖像写真を撮っていて、自信がなくなりかけた時、少しネガティブな気持ちになった時に見るようにしています。いわば、ほしい未来の前撮りです。

その他、**ビジネスリーダーやオピニオンリーダー、ハリウッドの大女優といった人たちの堂々たるスピーチを、TEDやYouTubeで見ながら、同じ姿勢、ポーズで、彼らになりきってスピーチをする。気持ちがとても高揚するので、経営トップ層にプレゼンテーションをする前によく行います。**

自分に合ったやり方でアスピレーションを高めていきましょう。

機会は自分で作っていく

プリンシプルと現実に大きなギャップがあって、実現するためには難易度の高い目標をいくつも達成しなくてはならない状況にある場合、「実現は無理」「どうせ私にはできない」という諦めモードに入ってしまいがちです。

たとえば、「専門スキルを伸ばして海外で仕事がしたい」という目標を持っていたとします。今の会社で海外と関係のある業務につく可能性がなく、英語も得意ではない場合、「やはり無理」と思ってしまうかもしれません。

英語に"Make it happen"という言葉があります。

直訳すると「それを起こさせろ」ですが、望みが実現するのを待つのではなく、状況を変え、自分自身を変えることで、希望や夢を実現させてしまえという意味です。

"Make it happen"は、グローバルなビジネスプロフェッショナルのマインドセットと

しては、「基本中の基本」です。

何かを実現するために理想的な環境にいる人など、滅多にいません。たいていの人は実現が難しそうな環境にいたり、自分自身の能力が不足していたりするのではないでしょうか。その中にあっても諦めず、なんとか目標を"Make it happen"させるために自分で動いてみることが大事なのです。

英語が苦手で、「海外で働くことは難しい」と思っているのであれば、英語が得意な人にどうやって身につけたのかを聞き、自分もやってみることから始めてもいいでしょう。周囲に英語が得意な人がいなければ、英語学習のセミナーやビジネス英語のセミナーに参加し、英語の達人を探して話を聞くこともできます。

中国の故事に、「先ず《ま》隗《かい》より始《はじ》めよ」というものがあります。大きな目標を達成するためには、まず身近なことから始めよ、という意味です。キャリア形成も同じです。目標やプリンシプルを実現するために、できることは山のようにあります。身につけたいビジネススキルについて集中セミナーに通ってみる。興味のある業界の人の講演会を聞きに行く。あるいは勉強会に参加してみる。あらゆる方法をとって、"Make it happen"を目指しましょう。

COLUMN 1

田舎町の女子高生がいかにグローバルキャリアを実現したか

私はトップリーグの外資系企業で働いていたり、イギリスにおける最高峰の大学院に留学をしたりしている経歴から「帰国子女」と思われることが多いのですが、まったくそうではありません。

埼玉県の行田市という小さな田舎町で生まれ育ちました。映画にもなった「のぼうの城」という、石田三成が水攻めをしても落ちなかった忍城や、万葉集にも登場する古墳があるのどかな町です。

高校生の頃、「国境を越えてグローバルな仕事がしたい」「世界に通用する人材になりたい」という自分自身のプリンシプルの核となる目標を持ちました。しかし行田は、国際的な雰囲気が皆無で、受験以外に英語を使う必要性など想像できない環境にありました。

自分の目標を達成するには、行田ではなくもっと広い世界に出なくてはいけない。実践的な、戦力になる英語を身につけられるような環境に行かなくてはならないと思ったのです。

そこで、中学から高校に進学する時に、地元ではなく隣の熊谷市にある進学実績に定評のある女子高に通うことを決断しました。幼友達がたくさんいる、自分のComfort Zone（安全で心地よく楽な環境）から抜け出すことを決意したわけです。高校卒業後は、東京の大学を目指し、実用性の高い英語が身につけられそうだと思われた上智大学に進学しました。英語「を」学ぶのでなく、英語「で」思考し表現することを目指したのです。

上智大学に入学してみると、同級生には帰国子女や親が非日本人という同級生ばかりで、みんな英語がぺらぺらです。私の父は日本でずっと働いていましたから、私には彼らのように海外で英語を身につける機会はありませんでした。

大学の授業はすべて英語。完全にアウェイで最初の学期は、「大学レベルの論文ではない」と教授からレポートを突っ返されるなどの成績の悪さでしたが、「東京の大学でトップにいなければ、世界で活躍はできない」と頑張って勉強し、1年目の後期からは、毎学期ずっと成績優秀者として表彰されるまでになりました。英語も次第に上達していきました。さらに大学の交換留学制度に参加し、1年間アメリカに留学するなど英語を本格的に駆使する環境を自分で作る努力をしていったのです。

大学卒業時には、イギリスの財団からNew Century Scholarに選出され、オックスフォード大学の大学院に留学しました。世界のトップレベルの世界を知りたかったので、素晴らしい機会を得ることができました。大学1年生の時に、世界レベルのリーダーを育成する教育とはどういうものかを授業で議論していた際に、オックスフォード大学とハーバード大学それぞれの入試と授業風景のビデオを見たことがありました。その時に、オックスフォードでの指導教官との質の高い議論や対話に感銘を受けて、私もこのレベルに到達したいと考えていたことが現実になりました。

オックスフォード在学中は、将来はビジネスではなくアカデミックな世界で研究者になりたいと考えていました。しかし指導教官に、

「あなたは研究者には向いていない。ビジネスの世界でリーダーシップを発揮するほうが合っている」

と断言されてしまったのです。そこで、研究者の道は泣く泣く諦め、あらためてビジネスで私のプリンシプルを達成することを考えました。オックスフォードでの経験を通して、目標となる水準も上がり、キャリアを考える上でも、どんな仕事をするためにどのようにスキルを身につけていくかを、戦略的かつ具体的に考えられるようになりました。

オックスフォード大学大学院修了後は、とにかくまずビジネスの基礎を学ぼうという目的を持ち、ロンドンとパリが主要拠点の外資系戦略コンサルティングファームへ就職しました。この会社では、日本人として初めてロンドンオフィスで就職したため、鳴り物入りでの入社となり、かなり目をかけていただきました。

ここでは、パリとロンドンにて集中研修とプロジェクトに参加した後に、オーストラリアのメルボルンオフィスへ異動しました。新卒にもかかわらずエグゼクティブ待遇で東京にプロジェクトベースの短期出張をしながら、世界各国から派遣されてくるプロジェクトマネージャー、コンサルタントと共に、日本の政府機関の中枢に対しての戦略立案や大手外資系企業の日本市場の参入支援といった、グローバルな働き方かつインパクトの大きい仕事を新卒1年目から経験することができました。まるで、映画の「ミッション：インポッシブル」の世界さながらでした。

このコンサルティングファームで働いて数年後、「専門性を深めよう」という思いから、外資系会計ファームへの転職を決意しました。数字の分析をすることで物事が明らかになるドラマが好きだったので、その部分を深めようと思ったからです。

配属されたのは、企業再生の仕事に関する経営戦略チームでしたが、企業再生のためには、詳細な再生プランを作り出すだけではなく、実際にそれをきっちりと実現するリーダーの存在と、彼らの変革リーダーシップのスキルが不可欠であることを学びました。

この過程で、「偉大なリーダーシップとは何かを追求していきたい」「リーダーシップを発揮して働きたい」という思いが、新たに私のプリンシプルに肉づけされました。

その後、ロンドンビジネススクールのＭＢＡで学び、外資系ヘルスケア企業でもインターンとして働く中で、自分の興味・関心がより明確になったのです。人生のクオリティを向上させることに貢献できそうなヘルスケア業界への興味、自らリーダーシップを発揮して組織にインパクトを与えたいという思い。それらと同時に、リーダーを育て、人の強みを引き出すといった仕事がしたいという願望も芽生えてきました。

そのため、次の仕事はヘルスケア業界の人事関連か人事コンサルティングの仕事がいいのではと考え、MBA修了者の就職先としては異例だったのですが、外資系組織・人事コンサルティングファームを選びました。

人事関連のコンサルタントとして約10年間働いた後、これまで経験していなかった事業系、しかも念願のヘルスケア企業で、実際に人事プロフェッショナルとして経験を積みたいと考え、さらなる転職をしました。

私のキャリアを見ると、外資系戦略コンサルティングファーム→外資系会計ファーム→（MBA留学）→外資系人事コンサルティングファーム→外資系ヘルスケア企業とさまざまな業界、職種についています。

しかしそれは、高校時代に土台ができ、その後肉づけされていったプリンシプルに導かれてのものです。

その場の流れに乗っているようにも、紆余曲折しているようにも思われるかもしれませんが、徐々に発展していったプリンシプルを実現するために、その時々で最適と判断したゴールを設定して、"make it happen" するための行動を取ることで、生まれた結果なのです。

「内省力」を高めよう

キャリアを築いていく上で、常に実践していることがあります。それは、「内省」です。英語では"reflection"といいます。**内省とは自分に問いかけをしながら、本来自分が目指していることを、いつも明確にしていくことです。自分が望んでいることは何か、本当にこの方向に進みたいのか。絶えず、自らに問いかけることによって、プリンシプルからぶれることなく進んでいくことができるのです。**

仕事をする上では、予期しない出来事も起こります。予想していなかった仕事のチャンスが舞い込むこともあれば、突如チャンスが閉ざされることもあります。その時に大事なのは、自らのプリンシプルに沿った決断、選択をすることです。その時の勢いで、深く内省しないで決断してしまうと、後々、「こうした仕事には興味がなかった」「こんなはずではなかった」と不本意な思いを味わうことになりかねません。

成功にはいつも、深く内省をする力が求められます。

よい問いかけが深い内省を生む

深く内省するためには、「問いかけの質」が重要となります。

よい質問、クリエイティブな質問、建設的な質問を、自らにする必要があるのです。たとえば、「どんなイメージの職場で働いていたいのか」「私の強みは何か」「今後伸ばさなくてはいけない開発領域、能力は何か」「新しいことへのチャレンジより恐怖が勝っているのではないか」「何か一つを変えるとしたら何を変えるか」などです。

日々の業務や行動についてであれば、

「仕事がうまくいっていないが、明日やれる改善点を一つあげるとしたら何か」

「ぎくしゃくしている仕事相手との関係の修復に、一つやるとすれば何か」

といった質問をするかもしれません。

このように、「問いかけによる内省」は、ビジネスプロフェッショナルには必須な習慣です。しかし最初はなかなか問いかけを思いつかないかもしれません。

内省のために私がよく使っている質問を、次のページ（図表6）で紹介させていただきます。まずはこうした問いかけを自分自身にして、率直な答えを引き出してみてください。またこうした問いかけを参考にしながら、新たな問いかけを考えてみましょう。「プリンシプル」「スキル」「会社の人間関係」などいくつかの分野について自らへの「問いかけ」を作っていくといいでしょう。

ぜひ、内省を習慣にしてみてください。答えがすぐに出てこなくても、どのように感じたか、に焦点を当ててみてください。みなさんに新しい発見・気づきがありますように。

▶ 私が持っているリソースは何か
（自分の強み、アドバイスや支援の手を差し伸べてくれる人など）

▶ 心から感謝すること、感謝したい人は？

▶ 明日起きて、すぐに取りかかりたいことは何か
（ワクワクして心待ちにできること）

❸ 対人関係

▶ 相手の立場から見た自分はどのように見えているのか

▶ 相手・周りから、自分がどのように見えてほしいか

▶ 起きてほしいシナリオは何か

▶ 相手に何を期待し、何を求めているのか

▶ 今の職場では、相手からは何が求められているのか

▶ 私のことを助けてくれる人、認めてくれている人は誰か

▶ 相手に対する行動をひとつだけ変えるとしたら、何か

▶ 相手のお役に立てるとしたら、相手を成功させるとしたら、自分に何ができるか

▶ 苦手な人・嫌いなあの人の、いいところ、優秀なところは何か
（好き・嫌いと、いい・悪いを分けて捉えることが非常に重要）

▶ 相手に知っておいてほしいことは何か

❹ キャリア、人生など長期展望

〈ビジョンの設定〉

▶ 本当に重要なことは何か

▶ 私の人生にとって、不可欠なことは何か

▶ どんな時に、ワクワクするか

▶ 未来の自分からは、今の自分はどう見えているのだろうか

▶ 私の人生で本当に成し遂げたいことは

▶ どうしてこれを重要視しているのか、大事に感じるのか

▶ どのような状態になったら、成功か

▶ 意欲と自信を感じるのはどのような時か、やる気を感じる瞬間は

▶ 自分の強み、能力で得意なことは何だろうか

▶ 誰にどのような貢献をしたいのか

▶ 将来の夢をかなえるために、明日始めるとしたら何か

▶ 自分の伝記を書くとしたら、どのような内容にしたいか

▶ どのように成長していきたいのか

▶ 何が私のモチベーションを上げるか

図表6 **内省のための質問リスト**

❶ 今日、明日のパフォーマンス、短期の目標達成

- 明日のパフォーマンスを向上させるために、できること・やるべきことは何か
- この状況の中で、何が私の役割なのか
- この経験から、どのような知識・スキル・経験を身につけたいか
- この仕事を、自分の代表作（Signature Work）にするとしたら、あと何ができるか
- 大変な状況の中で、自分で工夫できることは何か
- 明日のミーティング、プレゼンテーションの終わりに、どのような状態になっていれば成功なのか
- 解決策にオプションはあるか？　結果に到達するために、他のやり方は？
- どのような結果を、いつまでに出したいのか
- （自分ひとりでは成果が出せそうもない場合）誰に何を依頼するか、何を交渉するか
- 今、何に集中すべきか

❷ レジリエンス、折れない心のために

- 今、何が起きているのか（状況または自分の心理状態を客観的に振り返る）
- 今の課題は何か、この課題を乗り越えることで、得たい結果は何か
- 今の状況が変わったら／解決されたら／できるようになったら、どうなるのか
- 今この瞬間から、新しく始めることは何か、逆にやめることは何か
- 行き詰まっているけれど、どのような対処が取れるだろうか
- （ロールモデルの）○○さんだったら、どのように対応するだろうか
- うまくいったことは何か、いかなかったことは何か
- ひどい経験だったが、学んだことは何か、次に生かせることは何か
- 前よりできるようになったことは何か
- 何か新しいことにチャレンジするとしたら、何をするか
- 新しく始めてみたこと、取り組んでみたことで、どのような気づきがあったか
- 周りからかけられた言葉やコメントで、嬉しかったことは何か
- （失敗した、ついてなかった場合も）違う側面から見たら、よかったことは？おかげで変われたことは？
- うまくいったことは何か（どんなに小さいことでもお祝いする。Celebrate yourself !）
- 失敗してもよいからトライしてみたことは何か（結果が失敗でも、トライしてみた勇気を褒めたたえよう）

図表6 内省のための質問リスト

〈開発目標の設定〉

- 10年後の目標を達成するのに、今克服しておくべき障害や課題は何か
- もっと強めたい、向上させたいスキルは何か、どのようにそれが達成できるか
- どのような能力が欠けているか
- 今と比べて、何ができている、学べているとよいのか
- お手本となる人、ロールモデルにしたい人の、どのような特徴を自分のものにしたいのか
- あとどれぐらいの負荷、チャレンジに耐えられそうか
- 新しくつながってみたい人、メンターになってほしい人、つながりを取り戻したい人は?

〈基準の管理〉

- 誰から、どのようなフィードバックを得たらいいだろうか
- 反面教師や、最低基準は何か(やるべきDosはいっぱいあるが、やってはいけないDon'tsを避ければ最低ラインのレベルは保証される)
- 今より最悪の事態、状態は何か(これよりはましじゃない?と思うと、元気になる)
- XX年後には、どういう状態でいたいか(仕事内容、職場環境、年収など)
- 本当に必要な収入はどれぐらいか(最低限レベル。上を見ればきりがないが、ここを押さえておくと、選択肢が増える)
- 1年後、5年後、10年後、晩年の自分が今の自分をみたら、何と声をかけるだろうか
- 私が引退する時、死ぬ時、新聞のobituary(追悼記事)に何を書いてほしいか

日々、自らに問いかける時間を持つ

私は、毎日夜寝る前に、自分に対してさまざまなことを問いかけ、内省するようにしています。その際、何かアイディアや思いが浮かんだら、すかさずメモを取っています。

たとえば「どんな人たちが集まった、どんなチームで働いていたいのか？」「私はどんな活動、アクティビティをしている時に一番幸せなのか？」「どんな種類、どんな内容の仕事をしている時が一番ワクワクするか？」といった問いかけを行い、それらについての答えをメモしていくのです。今の自分にとっての課題、乗り越えるべきこと、習慣化すべきこと、望む状態が明確になっていきます。夜は、静かに過去を振り返ったり、自分の将来について考えることが多いですが、朝は、すがすがしい空気と朝の光の中で「今日1日をどう充実させたいか」「朝オフィスに着いたら、苦手な○○さんにどんな表情・声で、何と声をかけようか」など、その日の結果が変わるようなことを考えます。

内省を習慣にすることで、仕事やキャリアにおける自分のキーワードや問題点がどんど

ん出てくるようになります。うまくいかないことを、他の人や環境のせいにして愚痴をいうこともなくなります。それよりも、制約条件の中で、どのようにすればよりよくできるかを考え、建設的なことに自分のエネルギーを使うように気持ちが切り替わってきます。

必要な時は、「コーチ」を利用する

問いかけの質で内省の深さ・方向性も変わるため、すぐれた問いかけをすることが重要です。海外のビジネスプロフェッショナルは、問いかけの「コーチ」をつけることも一般的に行っています。最近は日本でも、コーチをつけるエグゼクティブが増えてきました。

コーチとは、クライアントが答えを見つけるための手伝いをする「問いかけのプロ」です。ただし、コーチはコンサルタントではないので、「こうしなさい」とはいいません。答えはあくまでも、コーチングを受けているクライアント自身が出すものなのです。

コーチとは、もともとは「伴走者」という意味で、ある方向に導いてくれる役割を持っていますが、その方向はクライアント自身の心にあるものです。

コーチは、心理カウンセラーと似ている部分もありますが、カウンセラーは精神科のスペシャリストとして医療行為を行う点で、コーチとは大きな違いがあります。カウンセラーは心の中に入っていき気持ちを吐き出させる。それに対して、コーチは心の奥底までは入ってきません。クライアントの感情面や状況を判断しながら、問いかけをするだけです。

今、日本でも、インターネットで検索すれば多くのコーチが見つかります。私もこれまで深く迷った時には、コーチをつけてきました。

コーチをつけるメリットは、何といっても自分自身では思いつかない問いかけや、自分では避けてしまいがちな問いかけをしてくれるところです。自分の心に蓋をしていることからも、目をそらさずに向き合うようにしてくれます。イギリスでコーチ（coach）というと、長距離バスのことを指しますが、すぐれたコーチは、より遠く、素晴らしい将来へクライアントを導いてくれるものです。

ただ、コーチにもタイプがあり、自分との相性もあります。

その時の精神状態によって、寄り添うように問いかけてもらいたい場合もあれば、大きな決断をする場合、厳しくアグレッシブな問いかけを必要としている時もあります。私には何人ものお世話になってきたコーチがいますが、その時の状況に応じて、コーチを選んでいます。

コーチをつけることで、基本的な問いかけのやり方もわかります。今、迷いのある方、内省のやり方がよくわからない方は、一度コーチングを経験してみてはいかがでしょうか。

フィードバックで「ジョハリの窓」の盲点の窓を開こう

仕事で成長し、自分が望むゴールに到達していくためには、自分自身のことを深く知らなくてはいけません。

そのための方法の一つが、「内省」ですが、内省には限界があります。自分にはどうしても見えない自分、把握しきれない部分があるためです。

そこで必要になるのが、周囲からの「フィードバック」です。

自分は周囲の人からどう見えているのか、どう評価されているのか。自分の印象、よい

図表7 **ジョハリの窓**

	自分が知っている自分	自分が知らない自分
他人が知っている自分	**開放の窓（open self）**	**盲点の窓（blind self）**
他人が知らない自分	**秘密の窓（hidden self）**	**未知の窓（unknown self）**

ところ、悪いところ、改善すべきところなどについて率直な意見やアドバイスをもらうことです。

外資系企業のキャリアカウンセリングでもよく用いられるフレームワークとして、**「ジョハリの窓」**（図表7）があります。自分と他者の視点を組み合わせて、自分の状況を認識していくもので、多面的な自分を知るためのツールとなります。

「自分が知っている自分」「自分が知らない自分」「他人が知っている自分」「他人が知らない自分」

の4つの軸があり、その組み合わせによって、

1「開放の窓（open self)」　自分が知っていて他人も知っている自分

2「盲点の窓（blind self）」他人が知っていて自分が知らない自分

3「秘密の窓（hidden self）」自分は知っていて他人は知らない自分

4「未知の窓（unknown self）」自分も他人も知らない自分

という4つの窓に分類されています。

「ジョハリの窓」では、自分自身をオープンにした上で、他人に見えている自分の姿を知り、さらにまだ明らかになっていない自分自身をより深く知って「開放の窓」の領域を広げることが、その人の能力開発につながるとされています。ビジネススキルを高めて、キャリアを高めていく上で特に大切なのは、「盲点の窓」です。これは、自分にはわからないけれども、周囲の人の目に映っている自分の姿を知ることです。

他人から見えている自分を知り、自己認識とのギャップを知る。そこから、今何を学ぶべきか、何を身につけていくべきか、何を改善していくべきかといったヒントが見えてきます。

同僚、上司から積極的にフィードバックをもらおう

外資系企業では、人事評価で360度評価といったフィードバックの仕組みを取り入れているところが多いですが、この内容はたいてい年度の終わりに知らされるため、「もっと早い段階で知りたかった」と感じてしまいます。

私は、会社の制度とは別に、自分自身で周囲にフィードバックをもらいに行くことが大事だと考えています。 社内のフィードバックでは通常5、6人以上からもらうのがいいとされています。同僚や上司など業務で頻繁にやりとりしている人、社内外の顧客、直接の仕事では関連していない斜め上の立場の人なども含まれるでしょう。

多面的なフィードバックは、必ず受け取るべきでしょう。6人以上からフィードバックをもらえれば、極端すぎる意見があった場合でも、適切な判断ができます。有効なフィードバックをもらうには、内省の場合と同じように、問いかけの内容が大切になります。

ちなみに、私がフィードバックを求める時の質問は、主に次のようなものです。

「私の仕事ぶりをどう評価されますか。要求水準に達していますか」「私の強みはどこだと思いますか」「改善すべき点はどこだと思いますか」「パフォーマンスを一層上げていくために何を学ぶべきでしょうか」

など、率直に聞いていきましょう。口頭で聞きにくければ、質問表を作って「フィードバックをお願いしたいのですが」と渡してもいいでしょう。

「頑張っている」「よくやっている」といった曖昧でポジティブな評価だけして、具体的またはネガティブなことはいわない人も、日本人には多いかもしれません。

「もし何かアドバイスがあれば」「もっとよいやり方があるとしたら」ともう一つ突っ込んだ問いかけを入れておくのもおすすめです。

フィードバックは謙虚に受け取ろう

自分についてのフィードバックをもらう時は、ドキドキします。耳が痛いこともあるでしょうし、思わずカチンときてしまうこともあるでしょう。

ネガティブなことをいわれれば、当然落ち込みますが、臭いものに蓋をするようにフィードバックを避けていると、いつまでも改めるべき問題点がわかりません。

自分に対するネガティブな意見を全く受け付けない人、素直に他人の話を聞けない人は成長できません。何かいわれると環境や周囲の人のせいにする「他責思考」の人も多いのですが、こういう人はどこかで成長に限界が出てきます。

痛いフィードバックをもらって、こんなことを聞かなければよかったと思うこともあります。でも後から振り返ると、つらいフィードバックのほうが大きな視点の転換や、学びのきっかけとなっていることが多いのです。良薬口に苦しです。まずは他者の意見に心を開いてください。

たとえ、ネガティブなことをいわれたとしても、それはあなたの人格を否定するものではありません。自分の仕事や行動に対する他人の見解なのです。感情面・人格面と仕事面・行動面への見解は切り離しましょう。すると素直に相手の意見を聞くことができます。

フィードバックを受け取る時に大事なのは、不必要に折れない心と、相手の言葉に素直に耳を傾ける心です。必ずしも的を射ないフィードバックもあると思いますが、まずは相手の話を謙虚に聞いてください。

「他人には自分はこう見えている」ことを客観的に把握してみましょう。

相手の意見に納得していない時でも、まずはアドバイスに従ってみましょう。中途半端に実行すると効果があるかどうかもわからないので、まずは愚直に取り組んでください。

私は、愚直に取り組んだ結果、効果があることがわかれば、謙虚に相手の意見を受け入れます。でも、効果がなければ、そのフィードバックを手放すようにしています。フィードバックを素直に取り入れて行動に移すことで、「私のアドバイスを聞いてくれた」とフィードバックしてくれた人との関係がよくなる副次的な効果もあります。

フィードバックから新たな課題を発見する

周囲からのフィードバックを聞くと、自分が考えていた改善すべきポイント、開発すべき課題と、他人から見えているポイントが大きくずれていることがあります。

実は、ここがとても重要なところなのですが、自己認識は、はずれな部分も多いのです。

かつて私は、自分に足りないのは論理的な思考だと思い込んでいました。ところが、周囲の人のフィードバックによると、論理的思考はある程度できているという評価だったのです。そのかわり集中力が足りないという指摘を受けました。

「集中する時間を作り、集中の度合いをさらに深めることができれば、もっといい提案や分析ができるのでは」というアドバイスをもらったのです。

このフィードバックをきっかけに、集中力を維持するためにはどうしたらいいか、集中する時間を確保するにはどうすべきかがわかり、実行することで、その後、私のパフォーマンスは飛躍的に向上しました。

開発課題を的確に把握できれば、必要なことを学び、改善して、成長していくことができます。継続してフィードバックを受け取り続けることができれば、そうでない場合に比べて、大きな違いが出てくるはずです。**大きなプロジェクトや仕事が終わったタイミングで、周囲にフィードバックを求める習慣をつけてみましょう。**

第2章のまとめ

1 若い世代は、年収500万円の壁を越える

▶まずは年収500万円を目指す。ただ、ルーティンワーク中心の仕事では、500万円以上の収入は望めない。専門スキルを獲得しよう。

2 年収800万円に安住することはリスク

▶日本では年収800万円の層の幸福感が一番高いが、さらに上級レベルを目指すべき。先進国の世界的な水準でいえば、年収800万円でも「少し貧乏」なレベルにすぎない。

3 年収1200万円レベルを目指す

▶年収1200万円レベルになると、社員から経営サイドへと視点が変わり、ビジネスの見え方も変わってくる。ビジネスプロフェッショナルが目指すべきゾーン。組織全体の方向性・結果を担う人材になろう。

4 自分自身の「プリンシプル」を持つ

▶心の底に眠っている仕事への希望・指針＝プリンシプルを見つけだして、言語化する。「どのように仕事をしていきたいのか」「どのように活躍したいのか」など、仕事をする上での大きな目標や夢を明確に定める。しっかりとしたプリンシプルを確立することで、キャリアも導かれていく。

5「内省力」を高める

▶自分に問いかけをして、本来自分が目指していること・やるべきことを、いつも明確にしていく。これによって、プリンシプルからぶれることなく進んでいくことができる。深い問いかけが必要な場合は、「コーチ」を利用する。

6 他者からのフィードバックを得る

▶自己認識が的はずれの場合もある。自分の強み、開発課題、パフォーマンスについて率直に周りの人にフィードバックを求めてみよう。他者の目に「自分がどう映っているか」に敏感になり、客観的に自己認識することが重要。

第3章

人材価値を上げるためのスキル・経験の身につけ方

専門的スキルは、π型で高めていく

ビジネスプロフェッショナルとして、キャリアを伸ばすために行うべきことは、①スキルを高めること、②経験の幅を広げること。

この2点につきます。求められる具体的内容は、働いている業界、職務によって変わりますし、キャリアのステージによって変化していきますが、どのキャリアステージにいる人もスキルと経験を身につけていかなくてはならないという点は変わりません。

ビジネスプロフェッショナルとして常に考えておくべき点を、もう少し具体的に紹介しましょう。

人材価値を上げていくためには、専門となる分野を定めて、その分野のスキルを高めていくことにつきます。

ただ注意したいのは、日本人は一つのことだけを深く極めていきがちで、一つのことを極める「美学」を意識しすぎる方が多いということです。

磨き上げられた「匠の技」というのでしょうか。仕事においても一つのスキル、一つの専門性を深く突き詰めた「スペシャリストタイプ」への憧れが強い。

しかしこれは、キャリアの面から見ると、かなりリスクが高い働き方です。極めたスキルや専門分野が重要ではなくなってしまったら、あるいは全く必要でなくなってしまったら、人材価値は急下降してしまうからです。

現代は物事の変化のスピードが非常に速い。変化に対応しながら、人材としての価値を保ち生き残っていくためには、いくつかの専門、いくつかのスキルを持っておく必要があります。人材価値は、線の長さや、掘り下げた深さよりも、これまでの経験の幅と横の広がりも加えた、面積の大きさで測られるからです。

スキルについては、技術や経験の「深さ」、網羅する範囲の「広さ」という2つの軸があります。

しかし陥りがちな間違いは、薄く広くさまざまなスキルを知っているパターンです。英語では、「シンリースプレッド（thinly spread）」といいます。パンにバターやジャムを薄くのばした状態です。いろいろなことを知っているけれども、どれも入門レベルで、専門性が積み上げられていない。プロフェッショナルとしては、意味をなしえません。

また、日本人に多い一つのスキルを深掘りしていく先ほどのパターンも危ない。ザ・職人ですが汎用性がない。そのスキルが不要になった時には、リスクだけが残ります。

ベストなのが、多様なスキルを持っていて、複数の分野を深く極めたタイプ。英語でいうと、「ブレス&デプス（breadth and depth）」がある状態です。この状態になれば、素晴らしいですが、なかなかここには到達できません。幅広い分野のスキルを深く学ぶだけの機会も時間もそんなに多く持てないからです。

そこで私がおすすめする専門スキルの伸ばし方は、いくつかの専門スキルの柱を持ちながらも、広い分野の入門知識を持っている状態です。

円周率の「π」のような形というのでしょうか。ひげ親父のひげのように太い線が、横幅と深さ、両方あるようなイメージです。私の場合は、コンサルティング経験やＭＢＡで培った幅広い業界・職種分野の知識と、財務会計、コミュニケーション、それと人事の専門性になります。

専門スキルが一つだけという人は、せめてもう２つ、３つ専門スキルの柱を育てるようにするか経験の幅を広げてみましょう。今いる部署内で別の仕事を経験させてもらう、組織横断的なプロジェクトに参画する。あるいは異動して別の専門分野を学ぶ、転職するなど、専門スキルと経験の幅を広げる方法を考えてみましょう。また周辺分野については広く浅くとも知識を持ち、理解できる領域を広げる努力もしてみましょう。

知識・スキルと経験の幅ができると、それらを組み合わせて、新しいビジョンやアイディアを出すことが容易になります。そうすれば、企画力や他職種との連携力が強化され、より付加価値の高い、よりイノベーティブなアウトプットを出せるようになります。高度なスキルに加えて経験のバリエーションがある人は、自分ひとりでシナジーが生み出せますし、他者と組んでも新しいアイディアや価値を創出しやすい。**あくまで一つの専門スキルでキャリアを作っていくのであれば、社内、あるいは業界でも知られる第一人者レベルに到達する覚悟を持ってください。**

「移動可能」なスキルを深める

専門スキルを高めることは仕事の基本ですが、さまざまな業界、職種で通用する汎用的なスキルを持つことも、人材価値を高める上では非常に重要です。英語では、「トランスファラブル（移動可能な）スキル」「ポータブル（持ち運びができる）スキル」などと呼びます。特定の企業だけで通用するスキルではなく、違う企業、異なる業種、あるいは異なる職種でも通用するスキルということです。

たとえば、「論理的な思考力」「コミュニケーション力」「調整力」なども移動可能なスキルの一つです。

働く場所がグローバルに広がっていく中では、コミュニケーション力の一つである英語力や異文化コミュニケーション力も重要になっていきます。

これら汎用性の高いスキルは、キャリアのステージが上がるにつれて、ベテランになるに従って、重要度が増していきます。どの企業、どの業界、どの職種でも、あるレベル（中級レベル2）以上の仕事をしている人には、必要とされる能力です。専門スキルだけに注目しがちですが（もちろん専門スキルも大事です）、汎用性の高いスキルも若いうちからコツコツと身につけていきましょう。

特に、転職をする上で汎用性のあるスキルはとても重要です。

私自身、会計事務所を経て、全く未経験の職種である人事分野のコンサルティング会社に転職しましたが、この時にはトランスファラブルスキルを評価されたのだと思います。

汎用性の高いスキルのレベルが高いと、新しいところに飛び込んでも、そこで何が必要かをすぐ見抜くことができます。求められる知識、スキルや人間関係を素早く把握し、ロケットスタートで頭角を現すことができる。

こういう人はどこでも必要とされます。キャリアアップもしやすく、異業種でもジェネラリストとして評価され、転職もしやすい。**雇用不安を感じる人は早くから、「トランスファラブルスキル」を身につけるようにしましょう。**

Issueを見つけだす力を磨こう

移動可能なスキルの中でも、大事なのが、「思考力」です。

思考力にはロジカルシンキング、ビジョンを描く力、優先順位を見抜く力、意思決定を下す力など、いくつかの要素があります。

中でもあらゆる業種を通じて求められるのが、「課題（Issue）を見つけだす力」でしょう。

Issueとは、一番本質的な課題という意味で、表面的に起きているトラブル＝問題ではなく、まだ明らかになっていない、しかし重要な影響を及ぼす問題です。そのように誰も気がついていないけれども、何らかの対応、対処をしないと、今後に影響が出るような根本的な課題を特定する思考力を持つことが重要です。

不確実性が高く混沌としている現代は、さまざまなことがすごいスピードで動いていき、何が正解かを見極めにくい状況にあります。

単に上司からの命令に従って作業をこなしているだけでは、Issueを見つける能力は磨かれません。自発的に考える習慣を持ちましょう。業務やプロジェクトの課題を見つけ、解決策も提案していくといったことを習慣化していく必要があります。

テクニカルな思考力は、まずフレームワークで身につける

Issueを見つけだすアプローチにはさまざまなバリエーションがあります。データや状況など目に見えるものから推測する方法、反対に「仮説思考」といって論理と直感を組み合わせて、表面的には明らかになっていなくても、「これが課題ではないか」と仮説を作っていく方法もあります。

テクニカルな思考力、戦略的思考や論理的思考は、型、フレームワークが数多く存在します。

フレームワークは、少しでも多く身につけておいたほうがよいでしょう。それぞれのフ

レームワークについては詳しく説明しませんが、古典とされるバーバラ・ミントの「ピラミッド思考」を始め、論理的思考のフレームワークについては書籍が多く出版されています。ぜひ、**思考力の鍛錬を行ってみてください。**

コンサルティングファームに勤めていた時、先輩から、「ロジック・ツリーを作る練習をしろ」とよくアドバイスを受けました。新聞の記事を読んだ後、ロジック・ツリーを書いては先輩に見せて、「ここが浅い」とか「段階が一段違う」などとチェックしてもらったのです。

新聞記事を読んで、その裏にある課題の仮説を自分なりに立て、それらを分解する訓練を1年くらい続けました。自分で記事を選ぶと、好きな分野ばかりに偏ってしまうので、ランダムに選んでいました。新聞を読みながら、パッと目に入ってきた記事、または電車の中でパッと目についた企業の看板や広告などを対象に、課題の仮説を立てることで、反射的に物事を構造化できるようになりました。

このように、どんな問題が起きた場合でも、課題を整理できるような訓練をしていました。できればチェックしてくれる人がいるのが望ましいですが、自分ひとりでも行ってみると、大分変わります。かなり思考力が鍛えられますよ。

40代以上は、スキルや知識のアップデートを心がけよう

スキルや知識は、放っておけばどんどん陳腐化していきます。ベテランも、知識やスキルのブラッシュアップをし続けなくてはいけません。人材価値は時価なので、過去の成功や実績に安穏としてはいけません。旬の人材でい続ける努力が必要です。

20代の頃に学んだスキルは、今はどうなっているか。何が主流になっているのか。特に今はデジタル化で新しい技術が次々と登場する時代です。昔は、ベテランの経験やスキルが価値を持っていたのですが、今は新しいスキルを身につけた若い人にあっという間に追い抜かれてしまいます。40代以上にはシビアな環境になりましたが、**意識的に最新の技術や理論をキャッチアップする努力を続けていきましょう。**

私は、週末もしくは平日の夕方の1時間を使って、週1回、リサーチの時間を作っています。人事の仕事に就いていますので、まずは人事についての他社の新しい事例や最新の

トピックを調べます。さらに『Harvard Business Review』で、組織開発の分野の記事を一つダウンロードして読みます。関連記事があればそちらも読む。リーダーシップに関するプレゼンテーションをＴＥＤで探すなど、リサーチの時間を必ず取るようにしています。

他の業界や他の職種の新しい事例も調べます。私の専門は人事ですが、ＩＴや会計の専門部隊と組むプロジェクトも多く、相手のところで何が起きているかも知っておく必要があります。今であれば、ＩｏＴや会計の国際基準の変化などをチェックしています。仕事で関連する分野に起きている変化を知っておくと、相手と話が通じやすくなり、仕事もスムーズに進めることができます。また、現在はヘルスケア業界にいますので、ヘルスケア、医療の動向や新しいトレンド、他企業での取り組みもウォッチしています。

毎日このような知識のアップデートを行いたいところですが、日々の業務があるため、現実問題としてできません。週1時間はネタを仕込むようにしています。仕事の忙しさにかまけて、知識をアップデートする時間を取ることを忘れがちですので、これらは、日時を決めて習慣づけることをおすすめします。

専門分野を常に研鑽し続けること。基準を常に高めていく努力をする。スキルや知識を陳腐化させないのが、プロフェッショナルの条件です。

中堅社員以上は経験の幅を広げる努力をしよう

中堅社員以上は、経験の幅が人材価値として求められてきます。

かつて、経営リーダーのアセスメント（評価）をする仕事に携わったことがありますが、「経験の幅」「キャリアの幅」が非常に重要視されていました。

経験の幅が広い人は、実際に対応できる幅も広い傾向にあります。プロジェクト全体、部門全体、事業全体とより経営センスが問われるレベルになればなるほど、幅広い経験が求められるようになります。

一つの事業部だけしか知らない人だと、いくら能力が高く成果を出している人でも、新しい事業を任せることは難しいのではないかという懸念を持たれてしまいます。

専門領域において限られた経験しかなくても、その分野で非常に高い能力を発揮して成果を出してきた人であれば、突発的な事態にも十分に対応できる可能性があります。しかしそれはあくまでも「ポテンシャル」であって、実際は未知数と捉えられてしまいます。

それよりも、**実際に複数分野の仕事、事業に携わった経験のある人のほうが評価されるのです。**

企業では常に、「イノベーション」を生み出すことができる人材を探していますが、イノベーションは新しいジャンルと既存のモノが組み合わさった中で生まれます。経験の幅がある人が、新しい分野の何かと出会った時にイノベーションが生まれることが多い。その道一本だけの人は、職人的になりすぎてしまいがちです。専門的になりすぎるために、SME（Subject Matter Expert：特定領域の専門家としてのアドバイスを提供する人）にはなれても、新しいイノベーションを生み出すチームのリーダーは務まりにくいと捉えられてしまうのです。**キャリアの可能性を広げるのであれば、一つの専門分野を深めていくだけでなく、経験の幅を広げていく努力をすることを心がける必要があります。**

異動や転職で経験の幅を広げていく

経験の幅を広げるには、自分から今後のキャリアに必要と思われるプロジェクトや仕事

を希望してみましょう。異動願いを出してみることもいいと思います。

日本の会社は、社員ひとりひとりの人材育成を戦略的に考えて人事異動を発令しているケースが少ないため、自分の側から経験を獲得していく必要があります。

今の会社で、必要な経験を得る機会はないと判断した場合は、経験の幅を広げるためにもチャンスのある会社への転職を視野に入れるべきだと思います（転職については４章）。

外資系企業では、社員の経験の幅を広げることに力を入れているところが多く、評価の高い社員を、さまざまな部署に異動させています。短期間に幅の広い経験をしてもらうためです。「タレントエクスポート」や「タレントムーブ」と呼ばれています。でも、どの社員にも適用するというわけではなく、有能で活躍が期待される上位2割程度の社員に対してだけです。

外資系企業に勤めている人の場合、まずは選ばれる人材になる努力をしましょう。もし正当に評価されていないと感じるなら、あなたが望んでいる経験ができそうな機会を探しましょう。異動や転職、会社から選ばれるということは難しくとも、公募型の組織横断プロジェクトに自ら手を挙げる、社内で他部署の人とのネットワークを意識的に作っていくなど、今いる場所でできることがあれば、ぜひ積極的にチャレンジしてみてください。

スキルの習得は、「型」の完全インストールから始めよう

グローバルな人材を目指して成長していくためには、専門スキルや思考力、コミュニケーション能力などさまざまなことを学んでいかなくてはなりません。私も長年いろいろなことを学ぶ努力をして、今も学び続けていますが、学ばなくてはならない分野や内容はさまざまでも、学び方は基本的に同じです。

仕事に限らず、あらゆる分野で物事を習得するその道筋は同じなのです。アガサ・クリスティーの生み出した偉大な探偵エルキュール・ポワロが常々いっているように、「Order and method（順序とやり方）」を間違ってはいけません。

道筋は、以下のような流れになります。

知識や型を徹底的にインストール→実践→フィードバック、または振り返り→調整

知識や、考え方のフレーム、パターンなど学ぶべき「型」「内容」を完全に身につける

こと。楽器なら楽譜の読み方や演奏の仕方の基本の型、スポーツもルールと基本的なフォームを身につける。基本的な「型」をインストールすることがすべての習得の第一段階となります。モデリングともいいます。能を確立した世阿弥の教え（諸説あり）に、「守・破・離」というものがありますが、自分なりのアレンジを加えて応用したり、独自の道を追及する前に、まず基本の型を学ぶ「守」の段階です。いきなり「離」からやろうとしてはいけません。

思考法にもさまざまな型があります。プレゼンテーションもオープニング、現状分析から提案、結論までのフォーマットがあります。これらをしっかり身につけることが必要です。学ぶは、「真似《まね》び」ともいいますが、最初は内容や型を徹底的にコピーします。何のアレンジもせず、ひたすらインストール、丸覚えするのです。そして実際に試してみる。さらに、覚えた内容、型を使ってみる。その上で、フィードバックをもらうのがベストです。

プレゼンテーションの型をしっかりインストールしたら、自ら「担当したいです」と上司に伝えるなどして、できるだけ早くプレゼンする機会をもらいましょう。発表後は、「今日のプレゼン、どう思われましたか」「もうちょっとよくするためには、どうしたらいいでしょうか」と周囲に聞いて、より効果的になるようにやり方を調整していく。インストール後に実践、他者からのフィードバックを受ける、もしくは自分で、「うまくいったこと」「よりよくできること」を振り返り、調整していくを繰り返すうちに、次第にスキルレベルが上がっていきます。

スキルを身につけるのに「近道」はないのです。

インストールには、よいお手本を選ぼう

物事を習得していく「型」のインストールには、よい型、よいお手本を選ぶことが重要です。思考力や英語力に関してはよい「型」を載せた書籍や教材が数多くあります。書籍や映像コンテンツなどにも、お手本は数多く存在します。プレゼンテーションだとＴＥＤなどの中からお手本となるべき人を探して、真似をしてみましょう。

スティーブ・ジョブズの聴衆に訴えかけるプレゼンテーションが素晴らしいと思えば、

細かく話し方を見ていくのです。彼のプレゼンテーションはいつも遠くを見て、民衆に対して自分のビジョンを語るポーズで話していることが多い。このように、話し方や姿勢などを一つ一つ分解し、真似するのです。

私はウィンストン・チャーチルを尊敬していますが、第二次世界大戦中、まじめにイギリス国民を鼓舞していく彼の演説から、人を説得し、前向きな気持ちにリードしていく話し方を学びました。**一つのジャンルで何人かの師匠を持ち、芸を盗むようにインストールして、状況に応じてフレキシブルに活用していきましょう。**

職場のよいお手本をインストールしよう

実は、**よいお手本は職場に多く存在します。特にビジネス上の細かいスキルに関しては、職場こそ「お手本の宝庫」だと考えてください。**徒然草に、「少しのことにも先達はあらまほしき事なり」とありますが、職場には、まさに先達がたくさんいます。

特に若いビジネスパーソンは、まず職場のよいお手本をインストールしましょう。ビジネスメールの書き方、レポートの書き方、会議での発表の仕方、他の部署とのネゴシエーションのやり方、取引相手先との連絡の取り方、資料の作り方など、日々のさまざまなビジネススキルのレベルを上げていくことが必要です。それには、上司や先輩たちの仕事の進め方、社内でやり取りされているさまざまな文書がすべて「お手本」になります。

現場で実際にやりとりされている「お手本」なので、実用度が非常に高いのです。「スキル」といっても、会社、部署によって求められるものが違います。また「社風」のように明文化しにくいですが、資料やふるまいに現れているものもあります。**現場で求められているお作法レベルのスキルを身につけることが、パフォーマンスを上げ、評価を高めることにつながります。**

社内でやり取りされるメールは、自分に直接関係ないことでもCCで送られてくるはずです。これらをきちんと読み込んでおくと、社内で求められているメールの書き方のお手本となります。提案、謝罪、確認、クレームなどさまざまな文例を集めて、テンプレートを作り、それぞれインストールする。**レポートやプレゼン資料も、よいと思うものを選んで自分の「型」にしていきましょう。**

知識・文章は写経で、オーラルはものまね的にインストール

物事の習得の第一歩は、「型のインストール」ですが、学ぶべきことが思考や文章の場合と、オーラルなもの、ノンバーバルな部分を含む場合によってインストールのやり方も異なってきます。

思考法や文章は、アウトプットイメージ、フォーマットを徹底的に書き写します。ビジネスメールや資料であれば、お手本となる文章やいい回しを写経のように何度も書き写して、完全に真似る。実践では必要な部分だけを置き換えていきます。

コミュニケーションなど「ライブ系」のスキルは、話し方や身振りまで、音声ファイルやビデオなどを使って、徹底的に真似しています。プレゼンテーションでお手本としたい人がいたら、スピーチのビデオを何度も見て、話す内容は書き写す。

実際の話し方、声、立ち方、姿勢などは実際に自分も同じようにしてみるのです。たと

えば声のトーン、スピード、抑揚など一つ一つの要素に分解して、「ものまねのプロ」のように真似していきましょう。

また、身振り手振りやアイコンタクトの仕方といったノンバーバルのところ、照明の位置など細かい点も、しっかりチェックしましょう。

仕事や人生のロールモデルを持とう

人生や仕事の目標に向かって、努力をしていく上で大切だと思うのが、憧れの存在やお手本となるような「ロールモデル」を持つことです。


私が小学生の頃には、偉人の伝記シリーズを読みふけっていました。女性だと、キュリー夫人、ナイチンゲール。日本人だと野口英世や伊能忠敬、あるいは埼玉出身の渋沢栄一、塙保己一などです。

伝記を読み、その人たちの生き方や考え方に憧れを持つことで、「そういう人を目標に頑張ろう」という強いマインドセットが生まれたのだと思います。実際、尊敬する人物の伝記や自伝を読み、その人の言葉や名言を何度も音読してみると気持ちが高揚し、勇気が出てきます。

大人になってからも、ロールモデルを数多く持ってきました。自分の周りにロールモデルがいないと嘆く人もいますが、必ずしも身近である必要はなく、歴史上の人物でもいいのです。

私が一番尊敬している人物は、毛利元就とウィンストン・チャーチルです。

毛利元就は地方の小さい領主でした。長男が死に、後継にした甥も死んだため、次男の元就が、家督を継いだのです。もともと頭がよくて勉強ができた元就は、家来たちの意見もよく聞き、フィードバックを受けて領地を大きくしていきました。毛利の家を強くしようというアスピレーション（志）も強く、戦略的な考え方も優れている。着実に実績を積んでいくすごい人です。3人の息子たちの特性も、小さい頃の遊び方から見極めて、それぞれに合った役割・修行先を選ぶという人材育成にも長けていました。

チャーチルは、第二次世界大戦という国が混沌としてどこに行くかわからない中で、国のビジョンを作り力強く伝え、みんなを前向きにさせていく力がありました。書簡集やスピーチ集の他、『チャーチル・ファクター』（プレジデント社刊）など、チャーチルについて書かれた本が数多く存在するので、それらを読み込んでいます。第二次世界大戦中の国民に向けてのスピーチをYouTubeで見ることもあります。彼の考え方を理解し、困難な時に人々をまとめていく姿などを見て、感動しながら自分を鼓舞しています。チャーチルの文章力、表現力、プレゼンテーションのスキルから学び、真似できるところはしています。

「人生をどう生きるべきか」といった大きなテーマのロールモデルとなっているのは、ほとんどが、亡くなった人たちです。時の荒波をくぐり抜けながら、成果を残せる人が私のテーマなので、結果がはっきり出ている人になるのです。

私の大きなロールモデルは歴史上の人物が中心ですが、ビジネススキルのジャンルやテーマごとにもロールモデルとなる人は、数多くいます。アスピレーションの強さならこの人、みんなをまとめ上げていく力はこの人、戦略立案のすごさだとこの人と、細かいテーマごとにロールモデルを持てばいいのではないでしょうか。

彼らの型を完全に真似て、インストールしていきましょう。

「この要素はあの人、こちらの要素はこの人」と、自由に組み合わせるのがいいと思います。あらゆる面で秀でている人はそんなにいませんので、「ロールモデル折衷主義」がおすすめです。

COLUMN 2

ロールモデルに会いにいく
今も勇気づけられるアニータ・ロディックの言葉

歴史上の偉人をロールモデルにする一方で、実際に尊敬する人に会って、その人の言葉を聞く機会があれば、そのような場に参加してみましょう。一流の人と同じ場に身を置き、姿を見て声を聞き、彼らのエネルギーやカリスマ性を感じることは、得がたい経験になります。さらに少しでも言葉を交わすことができれば、記憶に焼きつく体験となります。

MBA留学中に化粧品会社ザ・ボディショップの創業者であるイギリスの女性実業家のアニータ・ロディックさんにお会いする機会がありました。彼女が亡くなる少し前のことだったのですが、お話できた時のことは、今でも強く記憶に残っています。

「人生で、あれもしたい、これも成し遂げたい」と自分の興味を彼女に話したのですが、「あなたのキャリア戦略には、選択と集中がない」と指摘され、「One at a time, remember!」とアドバイスをいただいたのです。同時にいくつものことを行うのではなく、その時その時、一つのことをやり遂げなさい。優先順位をつけて、それだけに集中して、結果が出たら次に行く。アニータさんもそうやってビジネスを立ち上げ、成功させてきたのでしょう。

この言葉は以後、私の心の支えとなっています。実践的なアドバイスとしても力を持っているのですが、それ以上にアニータさんにこのような言葉をかけてもらったということに勇気をいただいているという面もあります。

彼女がニコっと笑いながら、かけてくれたその言葉を思い出すと、つらい時、仕事がハードでめげそうになった時でも不思議と勇気がわいてきます。

ロンドンビジネススクール在学中には、GEで最高経営責任者を務めたジャック・ウエルチ氏と、イギリスのヴァージン・グループ創設者で会長のサー・リチャード・ブランソン氏とも、直接言葉を交わす機会がありました。

それぞれ別の機会に、どちらも、MBA生のための講演会にゲストスピーカーとしていらしたのです。それぞれの著著を購入して読んでいたので、著書にサインしていただきながら、どうしても聞いてみたかったことを一つ質問しました。

ジャック・ウエルチ氏には、「社員の方が大勢いらっしゃるのに、一度だけ会った方でも、ご家族のことまで聞いて、次にその人に会った時に、『息子さんはどう？』などと声をかけられるとお聞きしたのですが、どうやったらそんなに大勢の方の情報を覚えていられるのですか」と質問したところ、いかにもエグゼクティブ然としたスーツに身を包んだ彼はくしゃっと笑って、「その相手のことをね、とても大事に思って、彼・彼女のことを知りたい、理解したいと強く感じられたら、忘れないよ」とおっしゃいました。

サー・リチャード・ブランソン氏には、「あなたは次々と新しい事業に参入していますが、その原動力となっているのは何でしょうか」と尋ねました。スタイリッシュなジーンズにジャケットを合わせた粋な彼は、チャーミングな笑顔を浮かべて、「それはやっぱり、パッションを感じるかどうかだよ。これをやりたい、ワクワクする、といったガッツフィーリングがあるかどうか（お腹の底から、強くやりたいと思うようなことか）。自分がエキサイトされないことをやる意味はないでしょう？　君もね、パッションを感じることだけやればいいさ」といって、ウインクしてくださいました。

どちらの経営リーダーも、人を惹きつける笑顔と力強い握手を持っていました。10年も前のことですが、忘れられない経験です。

最近では、LIXILの執行役副社長を務めた八木洋介さんのお話も印象的でした。八木さんはずっと人事畑を進んでこられ、GEにおいて人事の要職を歴任された伝説の人物です。密かにロールモデルとさせていただいていたのですが、一般向けのセミナーがあったので迷わず受講しました。その頃私は、人事から全く別の事業企画部門（社内の花形部署）にスカウトされており、少々迷っていました。セミナー後のわずかな時間に質問をしてみました。

「今は人事を担当していますが、コマーシャルサイド（実ビジネス側）の別部門からの誘いもあります。どうすべきでしょうか」

八木さんは、「僕もこれまで戦略企画やマーケティングなど、コマーシャルサイドから仕事をしないかと何度も誘われた。僕はできる自信もあったけれども、あくまでも人事の立場から戦略にインフルエンス（影響）を与えると生き方を決めたから行かないんだ。君も無理に行かなくていいんだよ」と答えていただきました。

直接お目にかかっていただいたアドバイスは、重みも違います。ロールモデルとしている人がいるのであれば、セミナーなどに参加して肉声を聞いてみる。さらに、チャンスがあれば直接お話をしてみることをおすすめします。仕事や人生においての大切な宝となる可能性がありますよ。

第3章のまとめ

1 専門スキルは、π型で高めていく

▶キャリアを伸ばすためには①スキルを高めること、②経験の幅を広げることの2つが欠かせない。

2 「移動可能」なスキルを深める

▶特定の企業だけで通用するスキルではなく、違う企業、異なる業種、異なる職種でも通用する「移動可能」なスキルを高めることが重要。「論理的な思考力」「コミュニケーション力」「調整力」など。

3 異動や転職で経験の幅を広げていく

▶将来に必要と思われる次のキャリアを、自ら希望してみる。異動願いを出すこともいい。今の会社で、必要な経験をする機会はないと判断した場合は、転職も視野に入れていい。

4 スキルの習得は、「型」のインストールから始める

▶「知識や型を徹底的にインストール→実践→フィードバック、または振り返り→調整」で基本的なフォームを身につける。モデリングが重要。職場でよいお手本を探し、技を盗むようにインストールしよう。

5 仕事や人生のロールモデルを持つ

▶歴史上の人物やビジネスなどのジャンルで、ロールモデルを持ち、彼らの型を完全に真似て、インストールしよう。ロールモデルは細かいスキル単位で複数設定することも効果的。今現在生きているロールモデルには、積極的に会いに行く。

第4章
転職によるキャリアの築き方

キャリアは上方向だけでなく、横方向にも伸ばそう

キャリアというものは、上方向に進めるべきものと考える方が多いと思います。ポジションや収入を上昇させていくということですね。でも**キャリアは、上の方向だけではなく、横にも広げていく努力が重要です。**これについては、前章でも触れました。

これは、専門スキルを高めていく重要性と同じように専門領域を広げて、経験の幅を広げていくということです。たとえば、コアとなる専門の他に、隣接する職種だけでなく関連性のある職種のスキルも学ぶことを心がけましょう。**これからの時代は、「一つのことを深く」ではなく、「複数のことを深く」が求められています。**

企業の仕事の進め方はクロスファンクションが当たり前になり、他の部署、他の専門を持つ人と一緒に働いて結果を出すこと、協働できることが求められています。そのためにも他の部署、職種のことをスキルや業務内容も含めて理解していかなくてはいけません。

これまで多くの日本の会社は社員に対して、営業やマーケティング、マネジメントなどさまざまな仕事を経験させてきました。これは、「キャリアの幅を広げる」という考えに近く、経営サイドへの参画が期待できるジェネラリストの養成、技術や開発部門を統括するようなスペシャリストの養成といったローテーションが組まれていました。

でも時代は変わりました。今の日本企業の多くは社員のキャリア育成を考える余裕がないのが現実で、キャリア戦略のないローテーションが行われています。会社の人事異動に従っていても戦略的に経験や専門の幅を広げることはできない。**これからは、自分で意識的に専門と経験の幅を広げる必要があります。キャリアを横方面に広げるためには、会社に、「マネジメントの経験をしたい」「新規プロジェクトに参加したい」などの希望を出すことも大切です。**

社内での異動が難しいのであれば、転職によって経験の幅を広げていくことを考えてもいい。私自身もキャリアを横に広げる目的で、戦略コンサルティングファームから会計事務所、人事コンサルティング会社と異なる職種の企業への転職を経験してきました。「マス取り」のように専門領域や経験の幅を広げていきましょう。私の好きな戦国時代だと、自分の領地を広げていく感じです。

経験を広げるためなら「負けて勝つ」転職もアリ

キャリアのゴールに到達する道のりで、何度か転職を経験する人も出てくるでしょう。一つの会社では経験できることが限られているからです。年収やポジションを上げるため、あるいは経験の幅を広げるためのさまざまな目的の転職があるでしょう。一般に行われている転職をパターン分けしてみます（図表8）。

1　同じ業界でスキルセットも同じ
2　別の業界でスキルセットが同じ
3　同じ業界でスキルセットが違う
4　別の業界でスキルセットも違う

最も転職しやすいのは、1の同じ業界でスキルセットも同じところへの転職です。

図表8　「転職の可能性」マトリックス図

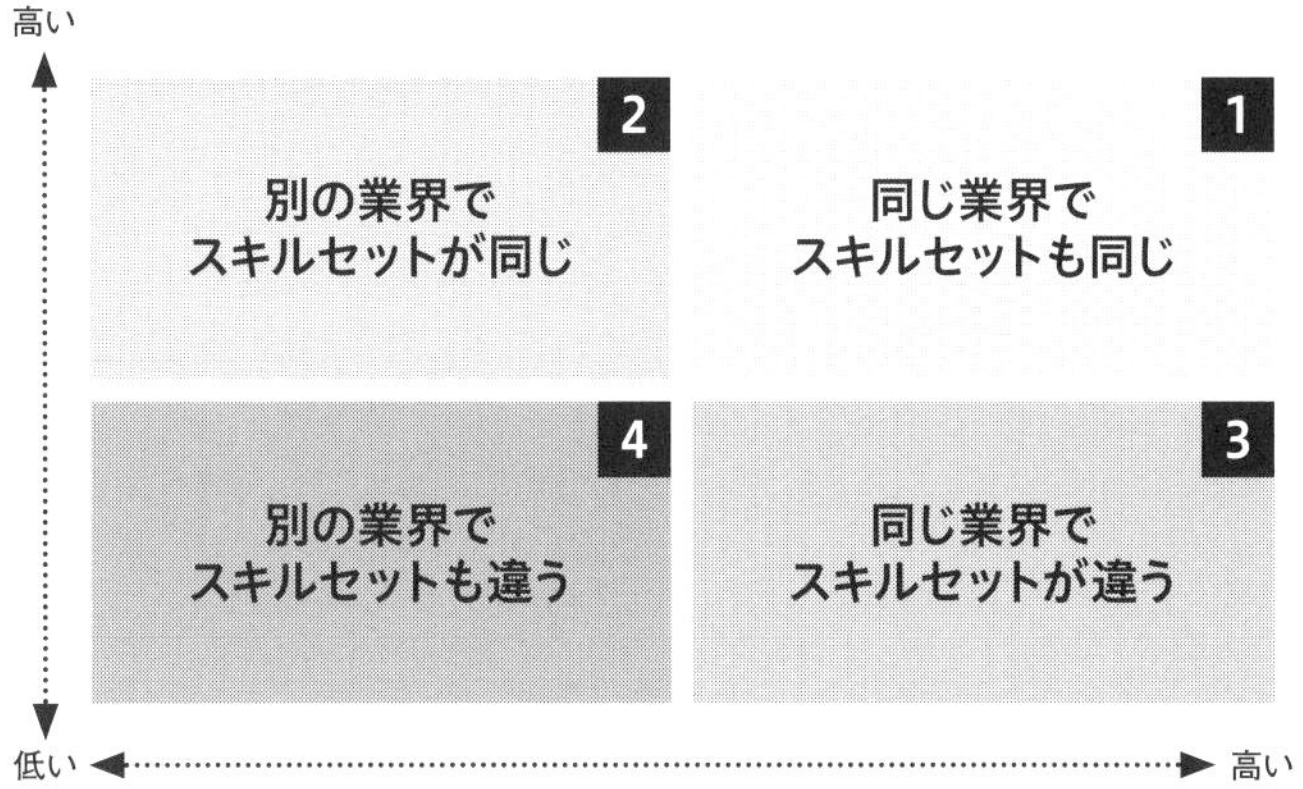

次が２。仕事の内容、使うスキルも同じで、業界が変わるというパターン。人事や経理はもちろん、メーカーの企画職だと、どの業界のメーカーにも転職が可能です。他業界への転職をリスクと感じる人もいるようですが、意外とチャンスはあります。

３の同じ業界でスキルセットが違う転職は、少し特殊です。「どうしても食品業界にいたいので職種は問わない」「営業の仕事をしていたが、マーケティングも担当したい」という場合などが考えられます。社内での異動であれば可能性はありますが、転職のハードルは上がります。しかし、業界独特のお作法を押さえており、業界の競合環境やビジネス全般の理解、人脈・ネットワークなどがあれば、アドバンテージとなります。若い方であれば、十分チャンスはあります。

最も転職機会の可能性が低いのは、4の別の業界に行く例で、スキルセットも違うケースです。要するに、イチから仕切り直しとなってしまいます。この場合は転職できたとしても収入もポジションも下がってしまう危険性が高いです。スキルセットの違う仕事への転職は不可能ではありませんが、現実として厳しい。どうしてもやってみたいキャリアチェンジのケース以外は、キャリアアップという点から見るとあまりおすすめできません。

しかし転職には、経験や専門知識の幅を広げて、人材価値を高めるという目的もあります。キャリアは一時的なアップやダウンが問題ではありません。自分が目指すキャリアや携わってみたい仕事に就けて、長期的な人材価値や幸福度が上がる見込みがあれば、そのような転職もアリです。

今の職場では自分のキャリアプランに必要な専門知識を身につけられない、もしくは経験が得られない場合は、「負けて勝つ」意味の転職もいいでしょう。

これは、あえて下のポジションを狙う、年収を下げても専門スキルを身につける、経験を増やしてキャリアを広げるなどが該当します。

中長期的に見て、自分のキャリアや人生にプラスになると判断すれば、こうした挑戦をしてもいい。妥協するべきでないのは、「仕事の中身」です。

魅力的な仕事でも、年収が100万円下がるとなると、当然迷うでしょう。でも新しいスキルと新たな職歴が加わることで数年後には、年収もポジションも大きく上がる。やりがいも感じる。そうすれば、転職してマイナス100万円年収が下がることは大したことではないという判断ができます。

ただし、このような機会は少なく、競争も激しいため、本当に戦略的に進めなくてはいけません。その職種に必要な特定のスキル以外の能力が必要です。転職先に、自分の思考力やコミュニケーション力といった再現性があることを認めてもらい、汎用性の高いスキルがあり高い貢献ができるであろうと評価してもらうこと。さらに、なぜその仕事、職種で働きたいのかを、転職先に納得してもらうことが重要となります。ご自身の「移動可能」なスキルを洗い出して、アピールしてみてください。

収入やポジションよりも、仕事の中身を重視するべき

私は過去に3回、大きな転職を経験しています。自分のキャリアの到達目標に近づくためですが、必ずしもポジションや収入が上がることを目標にしていませんでした。

1回目の転職は、外資系戦略コンサルティングファームから外資系会計ファームへの転職で、給料は水平移動、ポジションは少しだけアップというものでした。華々しいキャリアアップではないですが、目的は財務・会計の専門性を身につけることでしたのでよい転職でした。

会計ファームでの主な仕事は、企業再生のための財務分析やビジネスプラン構築で、前職とも非常に似た仕事でした。財務・会計という専門スキルを企業戦略に落とし込んでいく経験を積むことで、専門スキルを深めようと考えました。

その後、MBA留学を経験します。MBA取得後の就職といえば、金融系に就職して大

図表9　年収と時間軸のイメージ図

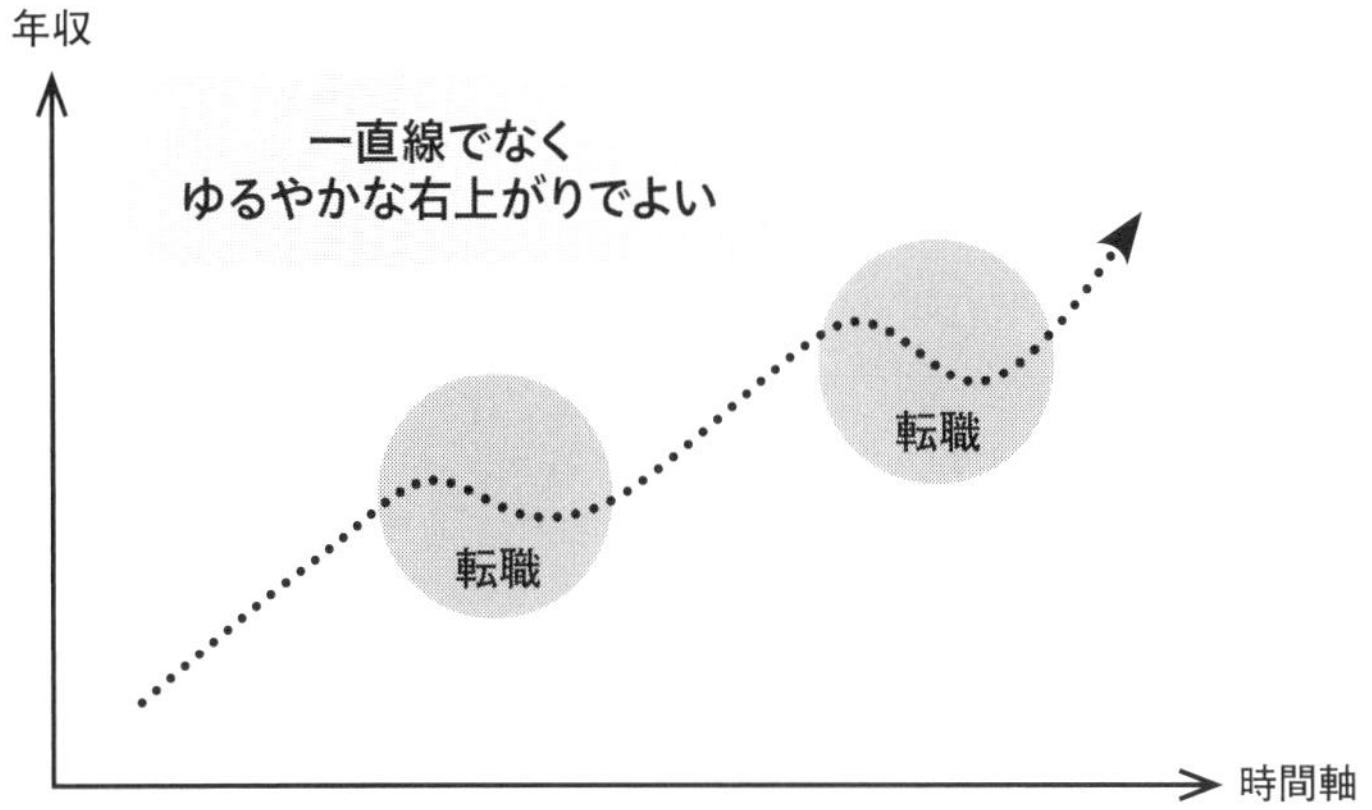

幅な給料アップを狙う人も多いのですが、あえて畑違いの外資系人事コンサルティング会社を選びました。年収アップよりも、「人の才能を開花させる人事関連の仕事に携わりたい」ということに気づいたのです。

しかしながら、人事関連の仕事は、未経験だったためにMBA取得前よりも年収もポジションも下がりました。ただ結果として、その後、昇給や昇進ができたので、収入やポジションは留学前よりプラスとなりました。

その後、ヘルスケア関連の事業会社の人事部門に転職しました。年収は上がりましたが、ポジションは下がりました。事業会社を経験したかったためと、人事実務と事業リーダーと渡り合うコミュニケーション業務を本格的にしてみたかったので、気にしませんでした。ポジションが下がっても、キャリアを広げる機会のほうが大事だと思い、転職を決断したのです。

私の転職は、一般的にいわれる収入とポジションが上がるキャリアアップ転職ではなく、収入が落ちたり、ポジションが下がったりしています。でも長期的に見れば、右肩上がりの成長になっていればいいと判断してきました（図表9）。

収入が下がり、ポジションが下がったとしても、将来的に人材価値を高めることができる。その結果、仕事のグレードも上げることができるのであれば、そうした選択も考慮に入れるべきです。何より、本気で「この仕事をやりたい！」と思ったら、ポジションで見栄をはることなど考えないでしょうし、生活が困るほど年収が下がらなければ、どうでもよいことでしょう。

リストラや雇用不安の中、今の仕事から転職しづらいと考える人は多いと思います。会社や、その中での一つの仕事にしがみつこうと思う気持ちもわかりますが、実力をつけて専門分野や経験の幅を広げることにフォーカスし転職を行ったり、社内の異動や部門横断的な業務などを経験したほうが、結果として長期的なリスクは減ると思います。

転職先は、「フィット感」を重視しよう

これからは、キャリアデザインのために、多くの人が転職を経験する世の中になると思います。**収入やポジション、自分が求める経験や環境の質など、転職時に考慮することは数多く存在しますが、疎かにされがちなのが会社と自分との相性（フィット感）です。**

会社には、軍隊のような縦型の組織もあれば、フラットな組織もあります。自分に合う社風、ストレスなく働ける環境、活躍しやすい組織を選んだほうが、満足度、幸福度が高くなります。その意味では、ナンバーワンの会社だけに固執しないことも重要です。

私の転職先の見分け方をお教えしましょう。

転職先候補の会社で働いている人が登録している**リンクト・イン（LinkedIn）を必ずチェックする**のです。どういう経歴の人が多いのか、いろいろな人が発信している情報を見て、「こういう社員が多い会社なら自分と合うかもしれない」「世間でいわれているイメー

ジとは少し違う社風なのでは？」などを判断します。

可能なら、実際に働いている人や勤務経験のある人の話を聞くようにしています。Vorkersといった転職口コミサイトもありますが、一次情報が一番確かな情報なので、直接会って話をお聞きするのです。

昔はそのような人と知り合う機会はなかなかありませんでしたが、今はＳＮＳなどが発達しているので、直接の知り合いがいなくても知り合いの知り合いといったつてをたどれば、誰かしらとつながることができます。

外側から判断する会社のイメージと、実際は同じではありません。

転職してから、「イメージと違った」「社風が合わない」と、ストレスを抱えながら働くのはつらいですよね。パフォーマンスも伸びにくいでしょうし、どうしても合わないとなると再び転職を考えることになるかもしれません。

会社と自分との相性は、転職する前にできる限り手間と時間をかけてしっかり調べておきましょう。

「変化」すべき時を見逃さないようにする

先頃、オックスフォード大学で、「50年後には消滅している仕事」についての研究が発表されました。動きの激しい現代において、今、自分が携わっている仕事も近い将来不要になっている危険性があります。

日本でも、かつては紡績業が盛んでしたが、一気に時代遅れの産業になってしまいました。今は、物事のスピードが非常に速く、少し前までの花形業界が凋落することも十分ありえます。

時代や産業には、潮目が変わる瞬間があります。

キャリアを考える上では、こうした潮目を見逃さずに対処する必要があります。でも実際は潮目が変わり、大きな変化が間近に迫っていることに薄々気がついていても、問題に蓋をして何もしない人が多いのではないでしょうか。

心理的に人間は、自分に都合の悪いことは考えないようにする傾向があるといわれています。しかし逃げた結果、世の中の変化についていけず、より強い苦痛がやってくる。最悪、突然職を失うとか、大幅に収入が減少するといったようなことです。

そのためには、**日頃から自らを快適な領域（コンフォートゾーン）に置いたままにしておかないことが大切です。**

居心地のよい状態は、変化に対応できない危険な状態にあるのかもしれない。そういう意識を持ちましょう。

世の中の流れを判断するためには、常に世界のさまざまな情報に触れておくことが重要です。日本語だけでなく、英語のメディアでも情報を収集すること。たとえば今、日本で起きていることが、海外メディアではどう報道されているのか。

日頃から、多様な情報に触れて多角的に物事を見て判断する訓練をしておきましょう。

「面白いか」「貢献できているか」で判断する

自分のキャリアを真剣に考えている人ほど、「今の仕事を続けていていいのか」「そろそろ変化の時ではないか」と迷うことが出てくるでしょう。

職場の居心地はいいし、収入も満足しているが、仕事の内容が物足りない。もっと別の仕事にチャレンジすべきではないだろうか？　こんな疑問が出てきたら、環境を変えるべき時期が近づいたというシグナルです。

次のステップに挑戦する時期を判断するものとして、「ツーフットの法則」をご紹介します。ロンドンビジネススクールのＭＢＡでセルフマーケティングの授業の合宿に参加する機会があったのですが、この合宿では、学生たちが自分でディスカッションのトピックを複数決めて参加者を募り、テーマごとに部屋が分かれるセッションが行われていました。

この時、担当教授が示したルールが、「ツーフットの法則」だったのです。

「そこで何か学べているか、面白いか？」「自分が何か貢献できているか？」

このどちらかが実現できていないのであれば、そこにいることは時間の浪費であるというものです。時間を有意義に使うためには、すぐにその場を離れて、違うテーマの部屋に二本の足（ツーフット）で、歩いて移るべきだというのです。

これはビジネスをはじめ、あらゆることについていえることだと思います。

仕事の内容が去年の繰り返しになってしまって面白くなくなってきた、新しく学べることもなくなってきていないか？　自分はチームや周囲の役に立って貢献しているか？　これらのうちどちらか一つでも達成できていないのであれば、環境を変えるべき時期かもしれません。

「貢献」とは単に周りから感謝されているというよりは、仕事を通じてチームや部署、会社に新しい価値を生み出すことだと私は考えます。ルーティンワークをまじめにこなして感謝されるということは、貢献とは考えないほうがいいでしょう。**仕事が面白くなく、貢献もできていないと感じるのであれば、即刻、新しい勤め先、仕事について考えるべきでしょう。一度きりの人生ですから。**

進路の決定はグッドではなくベストで

キャリアの形成には、社内で新しいプロジェクトチームに入ったり、部署を異動したり、別の会社に転職するといった「変化」がつきものです。

何年間かはあるチームで働いて、目的のスキルや経験を身につけたから、次は別のスキルをつけるために他のチームに行くのか、さらにある分野の仕事を本格的に行うために転職をするのか、というように次の自分に合った職場、仕事を探す必要があります。

しかしながら、具体的に転職となると、どこに行くべきかで結構迷います。実際にどのような会社かは入社するまでわかりませんから、いくつかの候補の会社の中でどこを選ぶべきか迷う。また、本来の自分の望みからは外れているけれども、魅力的な条件の会社があって迷う……ということもあります。

人間というものは、判断がぶれてしまうものなのです。しかもぶれているという自覚なしに、本来のプリンシプルから外れていきがちなので、大変やっかいです。私も毎回転職の際にはかなり迷いました。

進路で迷うのは、本来の自分が目指している「ベスト」なものと、収入やポジションといった条件がよい「グッド」なものとの選択で迷う時です。

ベストなものとイマイチなものとの選択であれば人は悩まないでしょうが、少しよさそうな「グッド」な選択肢が出てくると、結構迷うものですよね（意志が固く、全く揺れ動かないという人も中にはいらっしゃるでしょうが）。

ふらふらと迷ったら、まずは自分が目指していることは何か考えてください。「プリンシプル」に立ち返ってみて、「ベスト」なものは何か。

グッドではなくベストを選び取ることを心がけましょう。できれば、「ベストオブベスト」、自分にとって最上のものを選び取ってください。

COLUMN 3

MBA修了後、転職先で結構迷った私の場合

外資系会計ファームを2年間休職して行ったロンドンビジネススクールのMBAを修了した後、外資系投資銀行やプライベート・エクイティ・ファンドの会社数社から内定をいただきました。年収は数千万円と高額。しかし、数カ月間のインターンシップ時に経験した仕事は、まるまる1週間土日も休めずぶっ通しで、毎日の睡眠が2~3時間で働き続けるような非常にハードなものでした。

休職していた会社を辞めて、転職を決意したものの、数社決まった外資系投資銀行のどこに行くべきか迷ってしまい、コーチをつけることにしました。

コーチは、「高収入で転職するというけれどもエネルギーや熱意を感じない」「本当にその仕事に就きたいのですか」といきなり問いかけてきました。

内定をいただいていた企業は、ＭＢＡホルダーなら誰もが賞賛するであろうところばかりで、私としては、内定をもらっている会社のどれかに就職するということで半分以上、気持ちは固まっていました。ところが、このコーチの問いかけで気持ちが揺らいだのです。

何回かコーチングを受ける中で、私がもともとやりたかった仕事は、「リーダーを育成する仕事」だったことを、あらためて認識しました。

コーチが問いかけてきたのは、「投資銀行はあなたにとってのベストですか」「どのような会社に転職するのがあなたのベストですか」。

その問いかけに私の中から飛び出してきた答えが、「人事関係の仕事」でした。しかし、「人事関係の仕事」は全く未経験な分野でもあり、またＭＢＡで学んだこととも直接関係があるわけでもない。

気持ちはさらに揺らぎました。

自分が本当にやりたいこと、ベストな選択肢はこちらだけれども、社会的にみてグッドな選択肢にも迷ってしまう。自分自身の価値ではなく、社会的な評価、世間的な評価に自然と流されていました。その状態の時に、

「内定をもらっているからどこかに行かないといけないと思ってはいませんか」

と、コーチはさらに問いかけ、

「あなたの実力であれば受け直せばどこでも行けるだろうから、一度今もらっている内定を手放して、もう一度考え直してみてはどうですか」

という提案をしてくれました。

結局、コーチの問いかけをきっかけに、投資銀行とファンドの内定はすべてお断りしました。

その後、日本に帰って求職活動をしたところ、外資系の組織・人事コンサルティングファームであったワトソンワイアット（現Willis Towers Watson）に採用されたのです。

人事分野は全く未経験だったこともあり、年収は留学以前よりも下がりました。内定を受けていた投資銀行の年収の何分の1というレベルだったためMBAの友人たちからは、「何を考えているの？」とあきれられました。

ただ、結果としてその会社には10年近く勤務し、年収もアップし、今の事業会社での仕事にもつながっています。

後日談ですが、ＭＢＡ留学を終えてしばらくしてから、あのリーマンショックが起きました。投資銀行に勤めていたとしたら、激動の日々を送っていたことでしょうし、あっという間に失業して、自信のかけらもなくなっていたと思います。金融の仕事が私にとってのベストだったとすれば、激動の日々はある意味貴重な経験となったかもしれません。しかし、金融の仕事はグッドでしかなかった私の場合は、きっと自らの選択をひたすら悔やんでいたのではないかと思います。

転職先の選択において、何が正解かは人によってそれぞれ違います。だからこそ進路を選択する時は、自らに問いかけ、本心に従ってベストを選ぶことが大事なのです。

突然訪れるチャンスに備え、レディな状態でいよう

こんな仕事に携わりたい、こんな職に就きたい、こんな業界に入りたいと近い未来に実現したいことに対しては、日頃から準備が必要です。

英語では、readiness（レディネス）といいますが、いつチャンスが来ても大丈夫な状態にしておく。必要なスキルや知識を身につける努力をするのはもちろんですが、何よりも心の準備、覚悟が大切です。

なぜなら、チャンスは、想定外のタイミングや場所から突然訪れることが多いからです。

私自身、突然巡ってきたチャンスをつかんで、念願の仕事に就いたこともあります。仕事で話を聞きにいったエージェントと雑談をしている中で、「こういう募集がありますが、興味があったら応募してみませんか」と、私が次の目標に考えていた仕事を紹介されて、「では」と応募したのがきっかけで転職が決まったこともありました。

多くの人は、「少し先の未来」に「こんなチャンスが来たらいいな」とぼんやりとチャ

ンスを願っているだけのように思います。

だから、スキルや知識を身につけるといった努力をしていないし、いつチャンスが来ても受けて立つといった覚悟もできていない。

そのため、突然のチャンスに対しても、臆病になってしまうのではないでしょうか。

「まだ私には早すぎる」「今の段階では無理かもしれない」と躊躇して、出遅れてしまうとせっかくのチャンスを逃してしまいがちです。

チャンスが、用意周到に準備したところにタイミングよく来ることなど、まずないでしょう。

チャンスが唐突に訪れた時、素早く動けるフットワークを保てるように、常に心の準備、スキル、知識の準備をしておきましょう。

新しい職場ではgo nativeの精神で

私は、学生時代に人類学を専攻していました。そこでの哲学に「go native」というものがありました。

フィールドに入ったら現地の人と同じことをやってみる、同じように生活してみるというものです。

シンガポールにフィールドワークで訪れた時には、シンガポール式の英語を話してみたり、現地の人が読んでいる新聞や雑誌に触れたり、実際にエリート階層や庶民が食事をしている場所にそれぞれ行ってみたりするなど、さまざまなことを経験するようにしました。その国のカルチャー全体に触れる行動を取ったのです。これはビジネスの世界でも活用できる考え方だと思っています。

外国で働くとなると、現地の同僚と同じものを食べて、同じ視点で物事を見たりしてみる。あるいは現地生活の長い外国人や庶民の生活を体験してみる。さらに少しでも現地の言葉を学ぶことができると、ベストです。

新しい会社や職種に飛び込む時も、「ゴー・ネイティブ」の精神が大切です。

外資系の会社はどこも合理的かつドライで、社風に違いはないのではないかと思われているかもしれませんが、実は違います。それぞれの会社にそれぞれの社風やカルチャーが存在します。

同じ会社でも、部署によって、カルチャーが違うこともよくあります。社風であったり部署のカルチャーが自分に合わないと、不要な軋轢を起こし仕事がスムーズに進まなくなるといったようなことも起こりがちです。

会社や部署の「ローカルルール」「お作法」を知らなかったために、マイナス評価をされてしまうケースもあるので、まずは、「ゴー・ネイティブ」で新しい職場の状況を知りましょう。

たとえば新しい職場では、どんな言葉遣いをするのか、メールにおける表現の仕方、会議やプレゼンテーションでどんなお作法があるのか、よく使われている社内用語は何かなど、最初は同僚や上司の動きやふるまいを観察し、同じように実践してみるのです。仕事だけでなく、昼食はどこで食べるのか、休憩のタイミングは、雑談で好まれるトピックは何かなどを観察し、同じことをしてみる。それが新しい環境になじむための第一歩です。

気づかないうちに失敗していることもあります。なんとなくなじめない、どうも浮いているように感じる、そんな時は、遠慮せずに周りの人からフィードバックをもらってみてください。

上司と「パートナーシップ」を結ぶことが大事

キャリアを築いていく過程で、日本企業から外資系に転職する人もいると思いますので、外資系企業で働く上での「常識」をご紹介しましょう。

一番大きな違いは、現場のラインマネージャーがかなりの人事権（生殺与奪）を持っているということです。マネージャーが、部下をクビにもできるし、給与も決めることができる。どの部下にどのアサインメントを出すかなども、上司に裁量権がゆだねられています。

外資系企業で高いパフォーマンスを出し続けるには、マネージャー、直属の上司とよい関係を結ぶ必要があります。上司にこびを売るということではなく、「見込みのある部下」「信頼できる部下」と上司に評価されることが大事なのです。上司とパートナーシップを結ぶという感覚です。

上司の成功、キャリアアップを支援することによって自分も評価され、早く上に昇進できます。仕事で成果を出すことで上司を支援し、信頼を得ることができる。そうすれば、やりがいのあるアサインメントをもらえたり、給料が上がったり、ポジションが上がる。win -win のパートナーシップです。

まずは日頃から、上司が興味を持っていること、パッションを感じていることを理解して、自分も興味を持つようにすることです。なぜなら、それらが会社の方針である場合が多いからです。自分があまり興味のないビジネスであっても、上司が興味を持っているものには、貢献できるように努力をする。

若い頃にアドバイスされたのは、「自分より2つ上の階層の目線で仕事をしなさい」ということ。つまり、上司よりさらに一つ上の立場から仕事を俯瞰してみるということです。

上司からは、こういう指示を受けたけれども、もう一つ上の階層の人はこういうことを望んでいるのではないかと考えて仕事を進めるのです。そうすると自分の上司がさらに上の上司から評価され、結果的に自分に対する信頼や評価も高まるという好循環が生まれます。

自分の強みをアピールして存在感を示そう

成果がシビアに求められるグローバル企業では、常に自分のVisiblity、存在感をアピールすることが大事です。端的にいうと、「自らの有能さ」「自分の価値」を示すということです。

日本人は全体的にシャイな傾向にあるため、こうしたアピールはあまり得意ではありません。むしろ、「目の前の仕事を愚直にきちんとやっていけば、評価され報われる」と信じて、自分からアピールする必要はないと考える人が多いと思います。でも残念ですが、この認識ではダメです。

上司が常にあなたのことを注視して的確な評価を下せるかどうかといえば、不可能です。自分が達成したことが見過ごされてしまい、価値が十分に認識されていないことも十分にありえます。

ですから、自ら積極的にデモンストレーションする必要があるのです。これはグローバル企業で働くビジネスプロフェッショナルの常識です。

直接の上司はもちろんですが、人事権や事業への決定権を持つような「上の人」に対して存在感をアピールすること、社内でのレピュテーション（評判）を高めることを意識しましょう。

自分の強みをアピールする時には、「何が自分の強みなのか」「提供できる価値は何か」を明確にしなくてはなりません。

他の人と差異化できるような強みを、「バリュー・プロポジション」といいますが、常に自分のバリュー・プロポジションをアピールできるようにしておくことが大事です。

転職して日が浅く、大きな成果を残せていない場合は、早く社内的な評価を獲得したいと思いますよね。私も転職した際には、一刻も早く自分のバリュー・プロポジションを確立しようと、努力してきました。

初めて事業会社の人事部に転職した直後のことです。人事の実務的なことや、社内の人脈を使った仕事については、同じ部署の社歴の長い人たちには到底かないません。

私が他の人とは違う価値を出せるのはどんな点か。内省し、自問自答しながら、自分の強みを書き出してわかったことは、「ビジネス戦略×人事」でした。

これまでの慣習や社内ルールに則った人事の実務詳細についての知識は、社歴の長い社員の方にはかないませんが、ビジネス戦略と人事を連動させることに関しては、コンサルティングファームで培ってきたスキルと経験から価値を提供できる。

もう一つの強みは、英語力です。事業会社では、さまざまな英語力の日本人社員が働いています。会社にとって重要な部分に携わっているけれども、英語はあまり得意ではないという方もいます。

一方、会社の経営を決めていくディシジョンメーカーは、「expats」と呼ばれる海外から派遣されてきた非日本人社員です。そこで資料やプレゼンテーション用原稿の英文翻訳など、日本人社員とexpatsとのコミュニケーションの手伝いを積極的に行うようにしました。

こうして各部署からの信頼を得ることができ、社内のリーダー層やexpatsから徐々に評価されるようになり、初めて、仕事もスムーズに進められるようになったと思います。

周囲の阻害（サボタージュ）に気をつけよう

目標に向かって努力を続けていくためには、周囲の環境がとても大切です。刺激を受けることがない環境、新しいチャレンジや学びの機会がない環境は、成長し続けていくには望ましい場所ではありません。

なんとなく仲のよい知り合いがいて、居心地がよいという環境も、成長のためには避けるべき場所ではないでしょうか。

こうしたところにいる人は、他の部署との仕事に手を挙げたり、新しい人と話したり刺激をもらえるような機会、社外での勉強会などのイベント、セミナーに積極的に行って、新しい友人、仲間を作るように心がけましょう。

場合によっては転職も視野に入れるべきです。中国の儒家孟子の母が、息子のために理想的な環境を求めて3回も引っ越しをしたという「孟母三遷」の例もあります。自分自身の「孟母」となるべく、仕事の環境には気を配ってください。

居心地のいい環境を警戒する理由の一つとして、そこにはあなたの足を引っ張る、成長を邪魔する阻害要因となるような人がいる危険性が高いからです。「大変だよね」とお互いの傷をなめ合う関係ですね。愚痴や慰め合いをするのではなくプロアクティブに動かないと、問題の解決にはならず成長もできません。

特に気をつけるべきは、相談する相手です。阻害要因となる人たちは、チャンスやチャレンジに対してネガティブな意見をいい引き留めにかかります。海外勤務のオファーを受けた、外資企業への転職を考えている、新規事業のプロジェクトに声がかかったといったようなチャンスに対して、それらを経験したことがない人に相談するのは意味がないことだと思ってください。

たとえば親きょうだいや、配偶者、仲のよい友人に、「海外勤務のオファーがあるんだけど」と相談すると、「えっ、遠くに行っちゃうの？　寂しいわ」とか、「海外勤務なんて危険だから断るほうがいいよ」といった感じで反対されてしまいます。

一度も転職を経験したことがない人に、「今度、転職しようと思って」と相談しても、相手はピンと来ないどころか、「どんな会社かわからないんだからやめたほうがいい」「新卒からお世話になった会社を裏切ることなんて」と止めに入るでしょう。

親しい人、周囲の人があなたの成長を阻害してしまうというケースは、残念ながらとても多いのです。親きょうだいの場合は肉親としての感情がありますから、反対されても仕方がないと思いながら、黙って聞いておくのがベストです。配偶者の場合は、「嫁ブロック」という言葉も出現しているように、利害が相反する立場からもの申していることがあります。しかし、配偶者は、あなたの真の性格や、本当にやりたいことを熟知しているケースもありますから、適切な助言・フィードバックのみ、受け入れればよいかと思います。

友人や周囲の人たちは、無意識のうちに、他の人が成長して、自分とは違う世界に行くことを阻止しようという思いが働いているかもしれません。

ネガティブなことをいう人とのつきあいは避ける、あるいは相談はしないのが賢明です。私が相談する友人は、すでにその分野を経験してきた人・結果を出した人か、直接自分でそのような経験をしていなくても、自分が経験したことがないことについて、絶対否定しないタイプの人です。決してネガティブなことは口にせず、「どうして、そうしたいの？」「なんで、そう思ったの？」とコーチのように話を聞いてくれるので、こちらも初心に戻り、正しい決断ができる。

前向きな気持ちを引き出してくれる相手にだけ、相談をしましょう。

第4章の**まとめ**

1 キャリアは上方向だけでなく、横方向にも伸ばす

▶これからの時代、キャリアに関しては、「一つのことを深く」ではなく、「複数のことを深く」が求められる。そのためには、会社に「マネジメントの経験もしてみたい」「新規プロジェクトに参加したい」などの希望を出すことも必要。

2 転職時には、収入やポジションよりも、仕事の中身を重視する

▶将来的に人材価値を高めることができるという判断ができれば、一時的に収入、ポジションが下がる選択肢も考慮に入れていいでしょう。

3 仕事は、「面白いか」「貢献できているか」で、転職すべきかどうかを判断する

▶「そこで何か学べているか、面白いか？」「自分が貢献できているか？」のどちらかが実現していないのであれば、そこにいることは時間の浪費です。その場合は、新しい勤め先、仕事について考えるべきでしょう。

4 チャンスに備え、準備ができている状態でいる

▶チャンスが突然訪れても、素早く動けるフットワークを持てるように、常に心の準備、スキル、知識の準備をしておきましょう。

5 上司と「パートナーシップ」を結ぶことが大事

▶直属上司の成功を支援できるよう、2つ上の階層（上司の上司）の目線を持って、仕事をする。

6 サボタージュに注意

▶たとえ肉親であっても、自分のやる気やチャレンジを阻害する場合は、相談しない。

第5章

グローバル企業の仕事の進め方

仕事はいつもロケットスタートで始めよう

私の仕事は、「ロケットスタート」をモットーにしています。

「1週間で」と頼まれた仕事であれば、すぐに集中して取りかかり、2日目には全体的な構成をざっくり作ってしまいます。

細かい部分には粗があり、詰めないといけない部分もあるのですが、入れるべき内容や全体構成を集中して作ってしまうのです。

「パレートの法則」をご存じでしょうか。**売上げの80%を占めているのは全体の20%の商品であるとか、20%の顧客の購買額が売上げの80%を占めている、仕事の80%の成果は費やした時間の20%から生まれているなどといった「80対20」の法則です。**

私はこの法則を信じて、仕事で実践しています。期限のある仕事を毎日同じレベルの作業で進めて終えるのではなく、作業期間の最初の20%までの間に、全体の成果の80%を一気に進めてしまうのです。

図表10　ロケットスタートのイメージ図

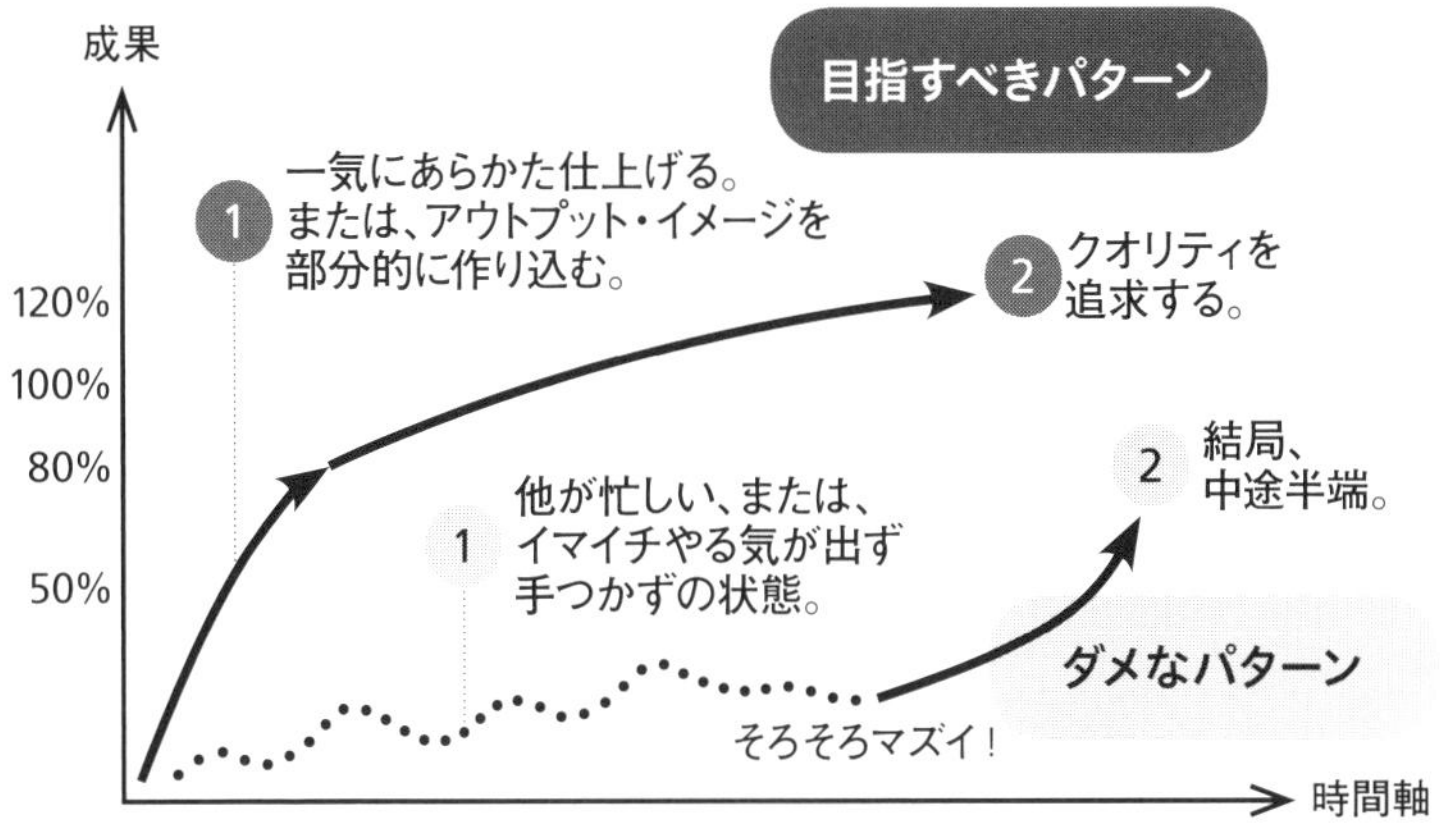

圧倒的に集中して全体を把握し、できあがりのイメージ、入るべき内容のイメージをあらかた作り上げてしまう。

グローバル企業は、どこもスピード重視、成果重視です。これらに応えるための仕事の進め方が、この「ロケットスタート方式」です（図表10）。

転職後初めて、30ページ程度の資料作成を依頼された時のことです。期限は、3日後とかなり短いものでした。その時の上司が私を試そうとしていたのかもしれません。

依頼されたその日から集中して取りかかり、手書きで30枚の各ページのラフイメージを書き出しました。入れるべきグラフやデータなどをざっくりと割り振って、翌日2ページ分だけ、ほぼ完璧に作った資料ラフを上司に見せたのです。「こういう方向性で間違っていないですよね」と確認を取り、あとはひたすら作業に集中して、３日目に提出しました。

日本企業のビジネスパーソンは仕事を丁寧に完璧にしようとして、時間がかかりすぎる傾向にあるのではないでしょうか。

アウトプットは素晴らしいかもしれませんが、この仕事の進め方ではグローバルなやり方とは合っていません。

細部は不完全でもいいので、短期集中で的確に全体像を作り上げる。その上でできる限り完成度の高いものを納期内に仕上げる。こうした仕事の進め方は外資企業だけでなく、今や日本企業でもグローバルな世界では求められています。特に取りかかりの集中度と立ち上がりのスピード（ロケットスタート）が私は大事だと思っています。

仕事は作業期間の最初の2割までの間に全体像を作ってしまう。そして期限前にフィードバックをもらって調整し、一気に作業を進める。このやり方を身につけた人は、仕事が早いです。

何よりも結果を出せるようになります。フィードバックを受ける余裕もあるので、相手の要求に応えたものに仕上げることができ、クオリティも高くなるからです。ロケットスタートでクオリティの高い成果をデリバーし続けると、ハイパフォーマーとして周囲から認識されるようになります。

新しいポジションに就いた後や転職直後から、安定して高い成果を出し続けることができれば、ライジングスター（新星のように、将来性の非常に高い人材）として、会社が優先的に投資をすべき人材と認められるようになるでしょう。

仕事を頼まれたらすぐに取りかかるというと、几帳面できっちりしている性格のように勘違いされますが、もともと私の性格はだらしない方です。性格そのままに仕事を進めていったら、〆切りまでには終わりません。

だからこそ、**期限のある仕事はパレートの法則に従いロケットスタートで進めるようにしているのです。**特に期限が決められていない個人的な勉強や目標も、あえて期限を定めて、ロケットスタート方式で進めるようにしています。

「心の雑音」をシャットアウトしよう

割り振られた仕事になかなか取りかかれない人がいます。

早く始めればいい仕事をずっと放置しておいて、〆切り近くになってから慌てて取りかかる。結局、時間不足でやっつけ仕事になってしまい、アウトプットの質も高くなく、評価も芳しくない。これを繰り返していくと、やりがいのある仕事は任されなくなり、人事評価も低迷する悪循環に陥ります。

私も本来の性格は、先ほどのように面倒なことにはなかなか取りかからず、だらだらと放置しておきたいタイプです。だから、このような人の気持ちもよくわかります。

これまでの経験からわかったことがあるのですが、**なかなか仕事に取りかかれない人は「心の雑音」が多すぎる**のです。

仕事を任された段階で、「私にできるだろうか」「どう進めたらいいのかわからない」「人に聞くのは恥ずかしい」といったネガティブな心の声にとらわれて、物事に立ち向かう気力を失ってしまうのです。まずは、心の雑音をシャットアウトしましょう。心の中をネガティブな雑音でいっぱいにしないようにするのです。何かをすべき時に、「やだな」「面倒だな」という心の声が聞こえてきたら、「そんなことはない！」と強く打ち消しましょう。「ロケットスタートで一気に仕事を進めよう」「よし本番だ！」と心の中で掛け声をかけてもいいでしょう。要は、すぐに気合を入れて進めることです。

実際に、作業を進めることが大事です。簡単なことでも一つ作業を始めてしまうと、スイッチが入るためか、スムーズに作業を続けることができます。

最初の一歩として私がおすすめするのは、仕上がりをイメージすることです。「求められている一番のポイントは何か」「特に検討すべきことは何か」などを自問自答しながら、目指すべきアウトプットを明確にしていきましょう。

ゴールのアウトプットイメージができると、ゴール到達のために調べないといけないことや、確認事項、用意すべき図表など、具体的なTo Doリストがどんどんできてきます。ここまでくればしめたものです。To Doリストができると、「とりあえずここを完成させよう」と頭と身体が動き出し、仕事のエンジンが本格的に作動し始めます。**心の雑音にとらわれて、仕事に取りかかる前に無駄な時間を浪費する習慣は、すぐにやめましょう。**

優先順位をシビアに決めて働く

外資系企業で働く人の特徴かもしれませんが、仕事では優先順位をシビアに決めて働くようにしています。

日々、やるべき仕事やタスクは数多くあります。最重要で進めるべき仕事にしても、数多くのタスクが存在します。ややもすればまず何のタスクから取りかかるべきか、わからなくなってしまうことはないでしょうか。最重要だけれども少々やっかいな仕事を横目に、すぐに取りかかれる最重要ではないタスクを進めていたことはないでしょうか。これは外資系企業ではNGなやり方です。**成果主義、アウトプット重視が徹底している外資系企業は、優先順位をシビアに決めて、実行していかないと、生き残れません。**

最優先ですべきことだけを集中して行い、しなくてもいいと判断されたことは徹底的にやらない。このようにメリハリがはっきりしているのです。

私は「不要かもしれないけれど、これも分析したら役立つかもしれない」ということをついしてみたくなるタイプです。コンサルティングファームで働いていた時に、「こっちも分析してみよう」と最優先順位ではないことをしたところ、「しなくていいことはせず、やるべきことだけに集中しろ」と上司に厳しく叱責されました。もしかするとその分析は役に立つものだったかもしれませんが、そうでなければ、単なる時間の浪費です。

短期間で着実に成果を上げることを最優先する外資系企業では、それは許されません。以来、**私も、的確に優先順位を立てること、必要なことだけに集中するという仕事のやり方を身につけてきました。**

今では、成果主義という点では外資系企業も日本企業も仕事の進め方に大きな違いはないと思いますが、徹底度が違うかもしれません。成果を求めるシビアさとスピード感という点では、外資系企業のほうが断然厳しいです。日本企業の場合はプロセス評価や情緒的な評価が残っていることもありますが、外資系企業は徹底的にアウトプット重視です。

日本人のビジネスパーソンは（私も含め）、「もしかしたら役に立つかも」「いずれ使うかも」といったことにまで範囲を広げて作業をしがちですが、グローバルでは通用しないことを理解すべきです。的確に優先順位を立て、徹底して集中すること。生産性を上げて、次々と新しいことにチャレンジしていくという働き方を、身につけていきましょう。

圧倒的に仕事をこなすために必要なこと

グローバル企業では、スピード感を持って高いレベルの成果を上げていくことが求められます。**私が意識して行っているのは、考える時間と手を動かす作業時間をわけることです。**

同じ外資系企業の社員でも人によっては、集中して考え、手を動かして一気呵成に一つの仕事を終わらせ、次に進むというタイプの方もいるでしょう。

しかし、私は子供もいて、通勤時間もそれなりにかかるので、一つの仕事に集中しきるということは難しく、他に抱えている仕事もあります。

そこで、作業に入る前の考える時間を増やすようにしました。最初にしっかり内容や進め方を考えてから、実作業に入ったほうが、後の修正が少なくなるため、作業の実働時間は短くなります。

考える作業は、オフィスにいなくてもできます。そこで日常生活のさまざまな空き時間を使って考えるようにしています。通勤電車の中の時もあれば、自宅でお風呂に入っている時、ご飯を作るなど家事をしている時に考えることもあります。

オフィスで集中して考えている時間よりも、移動中や、家で他のことをしながら考える時のほうが、ふといいアイディアを思いつくことが意外と多いです。

いつアイディアが出てくるかはわからないので、常にメモを用意しています。シャワーを浴びている時にいいアイディアがふと浮かんだら、忘れないようにつぶやき続けて、お風呂から出たら、脱衣場に置いてあるメモ用紙に書き記すということもあります。

夜、ずっと考えていいアイディアが浮かばなかったけども、朝起きたら、ふっと解決策が浮かぶこともあります。そのために、ベッドの横にも付箋と筆記具を置いています。

アイディアを体系化してから、手を動かす作業をする

アイディアがいろいろ出てきたら、それらを整理して体系化しなくてはなりません。この間、他の仕事はしません。メールもチェックしないで、それだけにかかりきりになります。他の人に話しかけられると集中力が途切れるので、会議室にこもったり、会社の違うフロアで作業したりすることもあります。

考えを体系化する場合は、A3の紙にツリーを書きながら構造化することが多いです。思考の枠を狭めないために、大きな紙を使っています。

私はアイディアを拡散することが得意なタイプです。中途半端な状態でアイディアを体系化するより、思いついたすべてのアイディアを広げきってから、整理し体系化するほうが性に合っています。

A3の大きな紙に、手のひら大の正方形、もしくはスマートフォンくらいの大きめの付

箋を使って1枚に一つのアイディアを書いてグループ分けしていく。この作業はパソコンで行う人もいるでしょうが、私は紙に書くほうがまとめやすいのでそのようにしています。ちなみにA4のスケッチブックも広げると大きさが2倍になるので、場合によってはA4サイズのものを、大きく考えたい時に広げて使うこともあります。

こうして考えを体系化したら、一気に手を動かしてアウトプットを作る作業に入ります。見た目は大変そうでもやるべきことは決まっているのでどんどん進めていくことができます。

大事なのは考える時間と手作業の時間を分けること。こうすると、メリハリが利いて、リズムよく圧倒的な仕事ができると思います。

実力×1・2〜1・5倍の力を出そう

人事の業界では、**「ピグマリオン効果」**という言葉があります。これは、**「マネージャーの期待値に部下のレベルは収斂していく」という現象を指す**ものです。

マネージャーの部下への期待値が高いと、部下は高い能力を発揮するようになり、逆に期待値が低いと部下の能力はいつまでたっても低いままにとどまってしまう傾向にあるといわれています。

映画「マイ・フェア・レディ」の原作となったバーナード・ショーの戯曲「ピグマリオン」から名づけられたのですが、人は周囲から期待された結果を出そうとするので、周囲から、「あなたはこれをする能力がある」と期待されると、そのようにふるまい、努力もして、結果として本当にその能力を発揮するレベルに成長します。

ぜひ、「ピグマリオン効果」を自分自身に対して発揮してみるようにしましょう。**「私にはこんなにポテンシャルがある」「私はマネジメントが当然できる人間なのだ」と本来の**

実力よりも高い目標を設定し、自分の能力を信じて努力するのです。

次のアサイメントでも、あるいは仕事のポジションで目標設定をする時でも、いつも実力の少し上の目標を掲げるようにしてみてください。**「自分はこれくらい」と感じる実力の1・2〜1・5倍のレベルにチャレンジしていくのです。**周囲からは、「少し背伸びしているな」と思われるレベルの目標です。

これを今の実力の2倍のチャレンジにするとかなりハードなので、「野望目標」と考えたほうがいい。途中でつらくなり、挫折してしまいかねません。一方、1・1倍だとほとんど変化はなく、簡単に到達できてしまうし、達成感もあまりない。能力は少し負荷をかけないと伸びません。

少し負荷をかけたトレーニングをしないと筋肉が増えないのと同じです。「私にはできる」と鼓舞しながら、実力より少し上の目標にチャレンジして実力を伸ばしましょう。

付箋にメモを取り何度も見返す

私はメモ魔で、常にメモを取れる態勢にしています。

セミナーや講演会、仕事で参考になる話や、気持ちを高めるような話、面白いアイディアを聞いたり読んだりと、気になったことはとにかくメモします。

また、生活、仕事上のやり方などでも思いついたこと、これから実行したいことも書き留めます。

その時メモをするのは、大きめの付箋です。

付箋がいいのは、フットワークが軽く、思い立ったらすぐにメモを取れること。常に見返せて、どこにでも貼れて、情報を整理しやすいこと、不要になったらはがせる。手のひら大の正方形のものを愛用しています。

メモを書き込んだ付箋は、オフィスのデスクの目につくところに貼っていきます。重要なメモは手帳に貼ったり、部屋の目につくところに貼って、折に触れ見るようにしています。

メモは書いて終わりではなく、アイディアを活用すること、その内容を頭に定着させること、行動として習慣化することに意味があります。行動変容については、常に目に入るようにしておいて潜在意識にすり込ませるようにしています。脊髄反射で出てくるくらい内容が頭に入り、あるいはメモに書いたことが習慣化したら、どんどんはがして捨てていっています。

調べ物にはタブレットを使う

普段の調べ物で使うのはタブレット（iPad mini、女性でも片手で持てて見やすいサイズ）です。

英字紙の記事をチェックしたり、情報を検索したり、アプリの辞書を引いたりと頻繁に使用します。私は疑問がわいたら、その場ですぐに解決しないと気が済まないタイプですので、そういった時にタブレットは非常に便利です。

あとで調べようと思って放置してしまうと、エンジンを入れ直すのに時間がかかり、結局、調べないことが多いのです。

一方、ノートパソコンは以前ほど持ち歩くことがなくなりました。業務は会社で行うことが多く、出先でノートパソコンを開くことはあまりありません。**常に持ち歩く道具は、付箋と筆記具の「メモセット」とタブレットです。**

これらが、「その場ですぐに処理・調査するためのツール」です。作業や心理的な動線をなるべく短くするのがコツです。

Prove them wrong!の気持ちで頑張る

私は新しい学校に入ったり、転職したりするたびに、環境に慣れるのに苦労するタイプです。最初は思うような結果が出せずに、学業でも仕事でも成績が低迷してしまいます。

「あなたがここで学ぶのは無理だよ」「ここで結果を出すのは無理だよ」と先輩からいわれたこともあります。そういう時に私が心の中でつぶやいた言葉は、「Pr ove them wrong」（彼らが間違っていたことをわからせてやろう）です。この言葉を心の中で叫ぶと、なんだか元気が出てくるのです。「無理だ」という、自分に対する周囲の評価、マイナスの期待値を裏切ろうと闘志を燃やすのです。最終的には自分の水準や気分は自分でしかコントロールできないので、周囲の評価に負けることなく、逆にそれらを発奮材料に変えて、頑張る。物事がうまく進まない時の、私のガッツの出し方です。

うまくいっていないことを、よい方向に変えていくのは、かなりのふんばりが必要となります。時にはせっかく学んだ知識や技術、これまでのアプローチ法を思い切って捨て、新しいやり方を模索していかなくてはならないこともあるでしょう。これまでの成功経験なども一度捨ててみて、改めて立ち上げ直さなくてはならない。これらはつらいし、エネルギーも必要です。

へこたれる気持ちになったら、すかさず“Prove them wrong.”と心の中で自分を叱咤激励してみてください。勇気を持って新しいやり方、アプローチを見つけだし、チャレンジしてみましょう。要は、自分をどれだけ強く信じることができるかです。「どうせ自分はダメなんだ」と諦めてしまったら、そこで終わってしまいます。

Prove them wrong!

今に見ておれ、と頑張りましょう。

何か一つ習慣を変えてみる

仕事には、調子がいい時と悪い時があります。成果が思わしくない。上司やチームとの関係がうまくいっていない。

そういう時に私が実行してきたのは、すでにご紹介した「内省」です。

夜寝る前に、今の状況について振り返ってみる。そして翌日、何か一つだけ、シンプルなことでいいので前向きなことをしようと考えるのです。

たとえばぎくしゃくしている上司に対して、朝に「おはようございます」と明るく挨拶をしてみるなど、ごく簡単なことでいい。今、できていないことのうち、前向きなことを一つだけ行ってみる。

好調でない時、解決すべき問題はまだ山積みだと考えがちになります。

しかし、すべての問題を一挙に解決することはできません。また、精神的にも疲れているため、そんな気合いもわいてきません。毎日、一つだけポジティブな行動を加える努力をしてみるのです。そうすると、少しずつですが周りの状況が変わり始めることに気がつくでしょう。

それまで暗い顔で挨拶していた人間が、ある朝からさわやかに「おはようございます」と挨拶すれば、相手の受け止め方も変わってきます。実際、しばらくして、新しい仕事を任されたりしたこともありました。

私の仕事に常にダメ出しをしてくる人がいて、正直、よい感情を持てなかった時もありました。その時には、「ご指摘ありがとうございました」と相手に対して、素直にお礼をいう行動を取るようにしてみたら、相手がちょっと「おや?」という表情をしました。「ご指摘いただいた点を反映して、資料を作り直したので見てください」と踏み込んだ行動をしたところ、少しですが、その人との間に信頼関係が生まれました。「ちゃんと私のいうことを聞いて直してきたんだな」と思ってもらえたようです。小さなことでもポジティブな行動を取っていくと、状況は少しずつですが変わってきます。

うまくいっていない時は精神的にも落ち込んで、大きなパワーは出せないので、とにかく毎日一つ、ポジティブな行動を加えていくことをおすすめします。

目の前のタスクを圧倒的なレベルでやりきる

不調な時に私がよく行っているのは、「目の前のタスクを圧倒的なレベルでやりきる」こと。余計なことを考える暇を自分に与えないためです。

不調な時こそ、目の前の仕事に一心不乱に集中しています。くよくよ悩むよりも、手を動かす。「つまらない」と思う目の前の仕事を「圧倒的」なレベルのものに仕上げるのです。スピードなのか、質なのか、量なのか。その時々によって異なりますが、圧倒的なレベルでやりきるのです。「こんなことで終わる人間ではない」と周囲の人にも証明するためでもあります。

不調な時、くじけそうな時に、ふてくされてしまう人が多いですが、そんな暇があったら手を動かしましょう。手を動かし始めると、「作業集中」モードになり、脳内でドーパミンが出て、精神状態が前向きになってくる。集中してやらなくてはならないことがあると、脳も悩んでいる暇がなくなる。

圧倒的に完璧に仕事を仕上げることができれば、自分自身もそれなりの満足を得られるし、周囲の評価も上がります。くよくよする暇があったら、**まずは集中して手を動かす。これが不調脱出の方法です。**

普通のことを圧倒的にやりきる。たとえば、今までと同じ仕事でも半分の時間でできるように生産性を上げてみる。すると、自分の一時間あたりの人材価値が高まります。これを繰り返せば、あっという間にパフォーマンスが改善したと認められるはずです。自分の時間単価を上げるつもりで頑張りましょう。

高いレベルのものに触れて、気持ちを高める

仕事への高い熱意を保つため、テンションを上げるために高い水準のものに触れるようにしています。自分の仕事、ビジネスとは関係のない世界で、仕事とはベクトルは違うけれど、水準の高いものに触れるようにするのです。これもトップパフォーマーたちがみんな行っていることです。

私は美術が大好きなので世界的な名画を観に美術館に出かけます。また、ミュージカルが好きなので世界的にヒットしている有名なミュージカルを観に行くことも多いです。そうすると徐々に気持ちが高まってきます。

高いレベルの作品を鑑賞して、五感で感じることで、自分の設定した水準を思い出し、その実現に向けてもう一度頑張ろうという気持ちになれるのです。高い水準のものに触れると、自分の掲げた水準を思い出すのですね。

何を見るか、何に触れるか、ジャンルはその人の好きなものでいいのですが、圧倒的に高いレベルのものに触れることが大事です。

私は料理が好きなので、世界的に有名なパティシエのクラスに参加したこともあります。トップシェフが教える料理講座にも、よく行きます。世界で認められた日本人シェフであったり、日本に来ている外国人シェフの話を聞いたりするのも面白いです。料理講座で英語やフランス語にも触れられて、「ああ、こういう言葉を使うのか」と勉強になり、得した気分も味わえます。

世界的水準の料理というのは、細部まで細かい。「神は細部に宿る」とはこういうことかと認識し、自分の作る資料も細かくきれいに気を配ってみたらどうだろうかと思ったりして、仕事のヒントを得ることもあります。

日本人選手がめざましい活躍をしているフィギュアスケートからも学ぶことが数多くあります。フィギュアスケートは、技術の研鑽はもちろん、毎試合ゼロからスタートしてスコアを積み上げていきます。さらに、毎年、作品を作り変え、ジャンプや表現のレベルを上げて、進化し続けなくてはいけません。

激烈な競争の中で、世界の舞台で活躍する日本の選手たち。そのメンタルの強さにも感動し、若手が次々台頭する中でのベテラン勢の苦悩など、ビジネスプロフェッショナルの世界とも非常に共通する点が多いこともあって、深く入り込んで見ています。

ロールモデルが住んでいた場所や、訪れた場所に足を運んでみることも、おすすめです。私は、歴史上の名所旧跡はもちろん、文豪が愛したレストランや、偉大なリーダーや哲学者たちが若き日に議論していたカフェなどに、よく足を運びます。

ロールモデルの人たちは、こういう調度品に囲まれて、こんな椅子に座って、こういう景色やお料理を堪能していたのだろうかと、想像の世界の中では彼らと同じ時、同じ場所にいる気分です。場のエネルギーをもらい、ロールモデルに一歩近づいた気がします。

最近では、伊勢志摩サミットの会場となった、志摩観光ホテルに数日間滞在しました。オバマ大統領をはじめ、世界のトップリーダーたちが立った場所、座った席、眺めていた風景と、素晴らしいおもてなしに触れて、自分もこのような場にふさわしい人に成長したいものだと、強く感じました。

このように世界的な水準の圧倒的なレベルのものに触れることで、明るく前向きになれます。「特に興味があるものが思い当たらない」という人は、好きなものの探索をしてみてはいかがでしょうか。仕事から離れた文化・芸術的なジャンルがいいと思います。

高いレベルのものに触れて、刺激を受けてヒントをもらえたら、もちろんメモにしっかり書き記しましょう。いつでも何か一つは吸収するという姿勢を持つことも大事です。

折れない心の力で乗り越えよう

キャリアを作っていく上では、常にチャレンジし続けること、強い意志を持つことといったアスピレーションが必要です。でも思うように目標が達成できないことがあるのも現実です。こういう時は、大きく落胆します。私も小さな事例を含めると、これまでさまざまな失敗をして、どんよりとした気分になり落ち込んでしまったことがあります。いろいろな失敗を通して、立ち直ってきた経験者としていえることは、「失敗したら、やり直せばいい」というシンプルな結論です。大事なのはチャレンジしたという事実で、くじけずチャレンジし続けることです。

失敗したけれど少なくともチャレンジをした、自分を変えようとして努力したことであれば、失敗したとしても何かが変わり、何かを得たはずなのです。失敗には、大きく分けて2種類あると思うのです。「なまけたりサボったり全力を尽くさなかったことにより、当然の結果失敗したケース」と、「果敢にチャレンジしたけれど、結果として失敗だったケース」。

前者は叱責されるかもしれませんが、後者は称賛されるべきチャレンジです。しかし、どちらの失敗からも、人は学べます。

ということは、経験はつまるところ、2つしかないことになります。

何も学ぼうとしなかった経験と、何かしら学んだ経験です。Lesson learned（経験から得た学び、気づき）を、今後に生かしましょう。

選択が間違っていて、頑張ったが成果を出せなかったという時は、あっさり失敗を認めて、ゴールを設定し直せばいいだけです。大切となるのが「レジリエンス」です。逆境から立ち直る心の強さを意味し、「折れない心」などと説明されることもあります。強いレジリエンスで失敗を乗り越えていきましょう。

失敗から最大限に学び成長しよう

失敗したら、一度は思い切り落ち込んでいいと思います。泣きたくなったり、怒りの気持ちといったグチャグチャした感情がわいたりすることでしょう。自分を否定された気持ちにもなりますが、そうした悪い感情は一度全部吐き出してしまいましょう。

気持ちが落ち着いたら、失敗の原因は何か、何が自分には足りなかったのか、どこの判断が間違っていたのかを振り返って、検証しましょう。

失敗から最大限に学び、立ち上がりましょう。フレキシビリティを生かして、やり方や考え方を変えながら成功を目指していくのです。

このように考えると、失敗も貴重な経験となります。成功したか・失敗したかより、学んだか・学ばなかったかのほうがはるかに重要です。失敗から多くのことを学ぶことができます。**失敗を乗り越えていくことで、最終的にはレジリエンスが強くなります。環境変化に強く、フレキシブルに対応し、這い上がる力のある「レジリエンスの強い人」は今、**

人事から高く評価される対象です。

失敗はなるべく避けたいものですが、失敗した時はそこから最大限に学び、レジリエンスを高めて成長しようという意気込みで立ち向かいましょう。

COLUMN 4

充電期間を持つことも大事 ～サバティカルのすすめ

目標を設定して、着々とキャリアを作っていくというのが、キャリアデザインの理想的なイメージです。

しかし現実には、順調に進むことはほとんどありません。ゴールへ到達できないこともありますし、当初期待したゴールとは異なり、新たに別のゴールを目指すこともあるでしょう。

私もキャリアの仕切り直しを迫られた時期がありました。

外資系会計ファームの企業再生チームで働いた時に身体を壊してしまったのです。大型倒産の危機にある企業をサポートするため、常に1週間以内に有効な手立てを提案しなければ、本当に倒産してしまうかもしれない状況の仕事で、朝早くに出社して翌朝まで働くこともありました。どちらもAMの9時5時（朝9時から次の日の朝5時まで）勤務です。やりがいはありましたが、使命の重さと激務に心身がついていかなくなってしまったのです。肉体的にぼろぼろで、精神的にもうつ症状が現れました。

かかりつけの医師からは、「2年間休みなさい」といわれました。仕事に対しての意欲はあるけれども、実際には何もできない。強い挫折感も味わいました。

そんな中で、考えて出した結論が、MBA留学でした。というと「なぜ？」と思われる方が多いでしょう。通常、MBA留学といえば、キャリアが順調に進んでいる人が「よし、さらなるキャリアアップを目指すぞ」と野心満々で行くもの。うつ病の人が行くようなところではありません。

医師のアドバイスは「ゆっくり休みなさい」でしたが、私の場合、何もしないとかえっていろいろ考えてしまい、余計に落ち込むと思いました。できれば人生や仕事をもう一度見つめ、立て直したいと思って、MBAにチャレンジすることにしたのです。

外国人のビジネスパーソンには、「サバティカル」と呼ばれる長期休暇をキャリアの途中で取り、充電する人も多いのですが、この時の私にとってMBAはある意味、サバティカルだったのです。

当時、私は29歳で結婚もして、仕事や今後の人生についていろいろ考える時期でした。ロンドンビジネススクールで2年間過ごし、今後の人生や仕事についての立て直しを図りました。

MBA在学中は、興味のあることに何でも挑戦してみました。外資系投資銀行の世界を覗いてみようと、シティバンクのM&Aアドバイザリー部門で、ニューヨークと東京でのインターンシップに参加したり、金融による社会貢献として注目され始めていたマイクロファイナンスの勉強会が、ロンドンのシティで定期的に開催されていたので、積極的に顔を出しました。アメリカの「イーライリリー」という有名な製薬企業でも、インターンとして2カ月働き、ヘルスケアの分野に自分の興味があるということも確認できました。

「リーダーシップを発揮したいのなら、NGOで働くという道もあるかもしれない」と考え、世界的なNGOであるSave the Childrenのロンドン本部においてイタリア人の学生とチームを組んでいくつかの提案を行いました。

大きなNGOの内部をこの目で見られたのは、いい経験でした。

日本でNGOやNPOといえば、手弁当で参加という印象ですが、大きなプロジェクトが動いていて、スタッフもみんなプロフェッショナルで、普通の会社と変わりないことを知りました。

経済成長が著しい中国の様子も直接この目でみたいと思い、3カ月間上海の中欧国際工商学院（CEIBS）という中国屈指のビジネススクールに交換留学し、中国語もかなり集中的に勉強しました。

ということで、2年間でかなり幅広く深い経験ができました。サバティカルという意識だったので、一般のMBAの学生と比べて就職などの実利よりも経験の幅を重視したということもありますが、多様な経験をしたことで、もう一度自分の興味や、達成したいことをはっきり実感することができました。うつ病も治りましたし、自分より年収がはるかに高い人の話を聞いても、自分の今のキャリアが充実して自らの選択にも納得しているので、羨ましいと思うこともなくなりました。

ビジネスプロフェッショナルが選ぶ「サバティカル」

このように、30代以降の人生をどうするのかということをMBA留学中に考え、何か使命を持って働きたいということを再確認できたのです。私が理想とする働き方は、NGOなどの組織ではなく、企業で会社員として貢献すること。仕事の内容は、人の強みを引き出したり、人のキャリアを考えたり、人事関連のことに携わりたい。いずれはリーダーシップを発揮する仕事に就きたいということがわかりました。

40代に入った今でも、あの29〜31歳の2年間は、非常に貴重な経験ができたと思います。サバティカルとして、MBA留学に行くのは経済的負担も非常に大きいので、気軽にはおすすめできません。ただ、欧米のビジネスプロフェッショナルのようにサバティカルを取って、自分の今後のキャリアを考え、充電期間を持つことは有意義なことだと思います。

日本では、「サバティカル」は一般的ではないですが、半年間、3カ月間でも人生やキ

ャリアについて考えながら、さまざまな経験をしてみるといったことができるようになるといいと思います。

長期休暇を取るのが難しい場合は、ゴールデンウイーク、夏休み、年末年始の休みなどを、プチ・サバティカルに充ててみてください。読む時間がなかなか取れなかった本を読んでみる、宿泊型の英語キャンプに参加してみる、キャリアプランを見直してみるなど、休暇をレジャーのような「消費時間」だけでなく、「自己投資の時間」に費やすことは、海外のビジネスプロフェッショナルたちが意識して実行していることです。

数年前、産前産後に半年ほど休暇をいただきましたが、この期間も「サバティカル」ととらえて、コーチングやカウンセリングのスキルを伸ばそうと、学校に通っていました。

女性の場合は、人生やキャリアの立て直しを結婚・出産時に迫られることも多いので、意識的に自身のスキルや価値観の棚卸しをしたり、「今後どのように働いていきたいのか」「パートナーとどのような関係を築いていきたいのか」と、私生活まで含めてトータルに考えるのがよいかと思います。

何歳になっても成長を諦めない

キャリアを作っていく上では、早い時期に頭角を現すことができる「アーリーアダプター」が有利です。ロケットスタートが重要だということですね。同期で一斉に入社した中でトップクラスになって、「この分野では絶対に私」というものを示すと、目をかけてくれる人も出てきますし、機会を与えてもらいやすい。

会社というものは、全員に機会を平等に与えてくれません。トップ集団以外は、機会自体が少なくなります。

トップ集団とその後を追う集団の実際の実力差は、それほど大きくはありません。しかし、オリンピックの金メダルと銀メダルが圧倒的に違うかのように、あるいは銅メダルと4位に大きな違いがあるかのように評価されてしまう。ウィニングエッジというものができるのですね。

その意味では、最初が肝心です。就職した時、転職した時、最初に一気に力を見せることで、その後、有利に競争を進めることができます。

では最初の段階でトップ集団に入れなかった人には、もうチャンスはないのか。もちろん、そんなことはありません。

何歳からでもキャリアは立て直すことができます。実際の差は評価結果ほど大きくないので、頑張れば後を追う人にもチャンスはあります。その時のために専門スキルを深め、経験を広げ、成果を出す努力を続けていきましょう。

30代でも40代でも諦めずに、スキルを伸ばし、経験の幅を広げ、汎用性の高いスキルを伸ばす努力を続けることが大切です。「うさぎとかめ」のかめタイプも、周りの人があなたの着実な成長と頑張りをみてくれています。

私は、知的労働の分野であれば、何歳でも知的ピークは作れると考えています。ペースが遅くてもずっと成長し続けていたら、人材的な価値も上がっていきます。ただし、成長が見られない人、同じ状態にあって周囲が上がっていく中で地盤沈下している人は、会社にとっては投資対象とはなりえません。人材価値も下降していきます。

諦めないで、成長し続ける努力を続けていくことが大事です。

私自身も、今も努力を続けているところです。

40代になっても「不惑」ではありません。悩みながら奮闘し続けています。前職のコンサルティング会社では、

「うちの会社は、up or out ではないけれど、ファイティングポーズを取らないで諦めるようになったらおしまいだ」「ピークは、いつ来てもいい。若いうちにブレイクしなくても、50代や引退間際にピークが来てもいい。だが、コツコツ成長し続けろ」

と上司にいわれていました。大坂夏の陣で戦場に散った真田幸村も、武将としてのピークは人生の終わりが近づいてからです。

自分のポテンシャルはいつでも磨ける。これは誰だって、絶対できる。これを強く主張したい。皆さんにも勇気を持っていただきたいと思います。

キャリアは何歳になっても作り変えられます。大切なのは何を目標とし、目標達成のために何が必要かを知っていることです。自分の船の船長として人生を操縦し、難破しないようにさまざまなリスクを避けながらも、どの道を進むのかを自分で選んでいきましょう。

第5章のまとめ

1 仕事はいつもロケットスタートで始める

▶仕事は作業期間の最初の2割までの間に全体像を作る。そしてその期限前にフィードバックをもらって調整し、一気に作業を進める「80対20の法則」で仕事を行う。

2 考える時間と手を動かす時間を分ける

▶グローバル企業では、スピード感を持って高いレベルの成果を上げていく必要がある。考える時間と手を動かす時間はわける。

3 「ピグマリオン効果」で実力×1.2~1.5倍の力を出す

▶「私にはこんなにポテンシャルがある」「私はマネジメントが当然できる人間なのだ」と本来の実力よりも高い目標を設定し、自分の能力を信じて努力することで、能力を伸ばすことができる

4 不調な時こそ、目の前のタスクを圧倒的なレベルでやりきる

▶不調な時こそ、余計なことを考える暇を自分に与えてはダメ。くよくよする暇があったら、まずは集中して手を動かすことが大事。

5 高いレベルのものに触れて、気持ちを高める

▶仕事とはベクトルが違っても、水準の高いものに触れるようにする。

6 失敗を恐れずに挑戦する

▶果敢にチャレンジして失敗した結果であれば、恥じる必要はなく、むしろ勇気を称えられるべき。成功したか・失敗したかより、何を学んだか・学ばなかったかに焦点を当てよう。しかし、疲労が蓄積したら、休暇やサバティカルを活用して、キャリアのチューニングをすること。

第6章

グローバル企業のセルフマネジメント

感情のマネジメントを心がける

日本の伝統的な会社と外資系グローバル会社との大きな違いは、後者の人間関係は基本的にドライだということ。結果がすべてということです。日本企業のようにプロセスを考慮することはありません。アウトプットがよければＯＫ、逆に徹夜して頑張ったといったようなことは、どうでもいいことなのです。

日本の伝統的な会社になじんだ人は、ドライさに戸惑うかもしれません。外資系グローバル企業で成果を出し続けていくためには、うまくいかない時、不調の時でも気持ちを素早く立て直していく力が大切です。少々のことで落ち込まない、感情のマネジメント力が重要になってきます。実際、外資系グローバル企業の社員には感情のマネジメントや心身の健康に関心が高い人が多いです。

企業側でも、感情をマネジメントできる社員を増やすことが大きなテーマになっています。感情をコントロールできるかどうかを測るEQテストもよく用いられています。

感情が安定している人は、当然、成果を出しやすいですし、あまりにも感情的になって冷静な判断ができなかったために損失が生まれたり、社内の人間関係が壊れてしまっては困るからです。また、徹底した成果主義で、パワハラが発生しやすい環境にあるため、いかに感情をコントロールするかがそれぞれの社員に求められているという側面もあります。

怒りをあらわにしてしまうのはもちろんダメですが、口には出さないけれどモヤモヤとしたネガティブな感情がくすぶっているという状態も望ましい状態ではありません。ストレスや問題に対しては建設的に、ポジティブに対処できることが望ましい。

感情のマネジメントができる人は、プレッシャーが高い状態の中でも、冷静さを保って集中力を維持し、目の前のことに取り組むことができますし、さまざまな人と建設的な関係を築くことができます。そのため、安定的に実力を発揮して高いパフォーマンスを出せる。そうすると、人事評価も高くなります。

「幸福論」を書いたフランスの哲学者アランはこういっています。「悲観は気分によるものだが、楽観は意志によるものである」と。

「いい人生にしたい」「いい一日を過ごしたい」「いい仕事をしたい」と思うのであれば、

「いい感情で過ごすこと」を軸に、さまざまなことを意志を持って選択する必要があるのです。つまり、「どんな気持ちで過ごしたいか」「どんな感情で過ごしているか」という心の質を自ら選び取り、維持していくのです。

感情のマネジメント力を上げましょう。

マインドフルネスで感情を落ち着かせる

感情のマネジメントができて、仕事のパフォーマンスを上げるのに効果があると**最近注目されているのが、「マインドフルネス」という瞑想です。日本でも紹介され始めていますが、これは息を吸い、息を吐くといった目の前のことに集中しながら瞑想することです。**

過去のことを後悔したり、起きてもいない不安に感情を使ったりするのではなく、今のことに全身全霊で向き合い「マインドフル」な状態を作ることによって、感情のコントロールが可能になり、リラックスすることができる。さらに集中力を高める効果があるとされていて、グローバル企業のビジネスプロフェッショナルたちが、こぞって取り入れ始めています。「精神的に弱い」と感じられる方は、マインドフルネスをはじめとする瞑想を実践してみてはいかがでしょうか。

朝の瞑想でグッドと自分に呼びかける

私も朝と夜に瞑想を行っています。忙しい時は朝か夜かどちらかになってしまうのですが、仕事がきつい時、ストレスを感じている時は、必ず瞑想をするようにしています。

朝起きたらすぐ、窓際で朝日を浴び、ベランダの向こうに広がる空を見ながら瞑想します。

瞑想といっても、始めると心の中でいろいろなことを考え始めるんですね。「マインドチャッター」といって、あれこれ心の中でおしゃべりを始める。

瞑想は心を静めることが目的ですが、すぐに静まりません。心の中は、通常はいろいろな感情でざわざわしているので、目を閉じて自分の心のざわつきをあえて感じてみるのです。いろいろな雑念にみちた心のおしゃべりは、他人のおしゃべりだと思って、とりあえず聞いてみます。

その後、ゆっくりと呼吸の数を数えます。1分間で5〜6回以下の呼吸を目指す。5秒で吸って、5秒で吐くくらいのゆっくりした呼吸です。1分間の呼吸が2〜3回程度で落ち着いてきたらOK、グッドと自分に呼びかける。そうするうちに心がだんだん静まってきます。そして、その日に取り組むべき優先事項を3つだけ決めて終えます。仕事がつらい時は、取り組む優先事項を一つに絞ります。朝の瞑想はどちらかといえば未来志向で、今日1日に向けてのものになります。

夜の瞑想では過去を振り返る

夜の瞑想はどちらかといえば過去の振り返りをしています。過去失敗してしまったことなどを振り返って、「でも私はトライした。頑張ったね」と自分に声をかけてあげる。あるいは自分が作り上げてきた友人との関係であったり、ネットワークであったり、よくできた仕事など、うまくいったことを振り返って、「私はこんなにいろいろなことを実施してきた」と思い、「よし、明日も頑張ろう」と前向きな気持ちになったら、瞑想を終えます。過去の振り返りに重きを置いているのは、過去をうまく浄化できないと未来に対しても前向きになれないからです。2章で紹介した、内省のための質問もぜひ活用してみてください。精神状態は睡眠にも影響があるので、前向きな気持ちになれるような質問を選ぶことをおすすめします。

私が自らによくする質問は、「〇〇の間（ここ1週間、1カ月、1年間）に起きた、変化や成長は何か」「起きたできごとの中で、一番よかったことは何か」「どんな困難、挑戦に直面して、どう乗り越えられたか／何を学んだか」「今、誰に何を感謝したいのか」です。

瞑想中でも、いい言葉、ヒントになる言葉が出てきた時はメモを取っています。本来の瞑想の仕方とは違うでしょうが、私の場合、言葉として落とし込むことが大切なのです。

まずは自分の心を静めること。そして前向きな気持ちに持っていくように瞑想を行います。少なくとも1日一回、できれば朝と夕の2回、こうした瞑想の時間を持つことで気持ちが落ち着き、感情のマネジメントが少しずつできるようになってきています。仕事中に集中力が切れて心の雑音が大きくなってくると、窓の大きな会議室に入り、1分間だけ瞑想をすることも行っています。

毎日6～8時間、質の高い睡眠を取る

安定して高いパフォーマンスを上げるには、コンディションを整えることも大切になります。休息と栄養をきちんと取ることが大事です。

重要なのは十分な睡眠を取ることです。私は常に睡眠の時間を確保すること、睡眠の質を上げることを心がけています。毎日6～8時間の睡眠時間を確保し、夜は10時、遅くとも12時には寝て、朝は6時過ぎに起きています。睡眠時間は特に気をつけていて、非常に忙しい時期でも最低4時間半は取ります。仕事が終わらず、やらなくてはならないことが残っている時は、とりあえず寝て、翌朝早く起きて仕事をするようにしています。目覚まし時計だけでなく、寝る時間もリマインドするアプリを使って睡眠時間を管理しています。

「ニュートン」で発表されていたある研究結果によると、睡眠時間を削って仕事をするのは酩酊状態と同じで非常によくない。それよりは、きちんと睡眠を取ったほうがパフォーマンスは向上するという結果です。どんなに忙しくても眠ることが大事なのです。

ただ眠ればよいのではなく、睡眠の質がポイントで、深い睡眠が必要です。

ストレスフルで長時間労働のコンサルティング会社に勤めていましたが、会社主催で睡眠セミナーが数回開催され、そこで睡眠の質を高めるには、音や温度、湿度、光にも注意すべきと教えられました。

静かで、真っ暗で、そして適度な温度、湿度の部屋で眠りましょう。

以前は仕事が忙しい時に疲労困憊して帰ってくると、リビングのソファに倒れ込むようにして寝てしまうこともありました。はっと目が覚めると電気がこうこうとついている中、着替えもしないまま寝ていたというのは、最悪な睡眠ですね。

こういう生活を続けると、疲れは取れず、翌日も気分が乗りません。

睡眠をおろそかにしていた頃は体調を崩したり、仕事がうまくいかなかったり、精神的にも落ち込んだりということが多かったので、睡眠にこれだけこだわるようになったのです。

実際、睡眠の時間と質を確保するようになってから、気力が充実し、集中力もアップ。優先順位づけや意思決定も適切に行え、ポジティブで建設的な対人関係を築きやすくなったように思います。

夜、家では蛍光灯は使いません。蛍光灯の光は刺激が強く、神経を興奮させ、眠りにはよくないからです。光のやわらかいフロアランプにしたり、ろうそくを灯したりします。ろうそくの揺らぎをみていると、気持ちが落ち着く効果があるといわれています。スマートフォンやテレビの光も神経を興奮させるため、寝る2時間前からはみないようにしていますし、会社からのメールも「夜10時以降はいっさい見ない」と宣言しています。

入眠用のCD、寝具にも気をつける

なかなか眠りに入れない時には、入眠用のCDを流しています。α波が出るようなCDを数枚持っています。クラシック音楽（静かな曲目）を聴いて気分を落ち着かせることもあります。睡眠中の胃腸に負担がかからないよう、眠りに入る3時間前以降は食べ物を摂らないようにして、飲み物もノンカフェインのものを選びます。カモミールティーやホットミルクにはちみつを少しだけ加えたものを飲んでいます。

質の高い眠りのために大切なのが、寝具です。寝具は軽いもの、軽くて暖かい羽毛布団がおすすめです。枕はカスタムメイドのものを使っています。頭の沈み具合が一番よい状態になるような高さに作ってもらいました。枕が合わない場合、寝違えたりして疲れが取れないことがあります。枕は睡眠の質に関わってくるので、できれば自分に合った枕を作ってもらうといいと思います。

寝間着は、身体に服の圧力をかけないものを選んでいます。軽くゆったりしていて、身体を締めつけるようなゴムが入ってないもので、夜間にかいた汗を吸い取ってくれる生地のものがおすすめです。ゴムが入っていない長いシャツのような、インドのパンジャビスーツのズボンなしのような寝間着を着ています。

昼休みに15分仮眠を取る

会社でも、疲れてしまって頭が働かない時は15分だけ仮眠を取るようにしています。以前勤めていた会社にはマッサージチェアが設置されていて、そのプログラムが15分だったので、マッサージしながら仮眠を取っていました。

今は、昼食後、午後の仕事を始める前に15分だけ仮眠を取ることがあります。15分という時間が重要で、本格的な眠りに入る前の眠りに留めるようにします。

なぜかというと、本格的に深い眠りに入ってしまうと夜の睡眠の質が下がってしまうからです。ですから昼寝は長く眠ってはいけない。軽く疲れを取るための15分程度の仮眠。これでかなりリフレッシュできます。デスクで仮眠するのではなく、カフェなどを利用しています。旅先で周囲の音が気になる時には耳栓、光がまぶしい時のためにはアイマスクを用意しています。飛行機の中でもこの2つを用意しておくと、かなりよく眠れます。

心身の不調がある方はまず、質のよい睡眠を心がけてみてはいかがでしょうか。**よい睡眠を取ることとは、今やビジネスプロフェッショナルのたしなみといってよいと思います。**

体調管理の基本は、自分で作ったものを食べること

体調を整える上で最も大切なのは、何といっても食事です。いい結果を出しているビジ

ネスプロフェッショナルには、食べ物に気を使う人が多いです。食事だけでなくおやつにいたるまで身体によいもの、また脳によいものを食べるようにしています。

美食家として知られている革命期のフランスの政治家ジャン・アンテルム・ブリア＝サヴァランの言葉に、「Tell me what you eat, and I will tell you who you are.」というのがあります（もともとはフランス語ですが）。食事が、仕事のパフォーマンスや人生の質に直結しますので、ビジネスプロフェッショナルは、口にするものすべてを良質なものにすべきです。

私自身は、昔は「作る時間がもったいない」と、毎日外食という生活でした。朝ご飯も、会社近くで買ってデスクで食べ、お昼も夕方のおやつも夜ご飯もコンビニや弁当屋で買ったものを食べることが多かったのです。野菜サラダをつけ加えて、ヘルシーな食事だと自分に納得させたりして、コンピューターの前で食事をしながら仕事をしていました。

1日15時間くらいコンピューターの前に座って働いていた時もあります。

しかし、コンピューターの前で、ひとりでテイクアウトのお弁当などを食べながら仕事をするというのは、生産性が非常に下がります。

ずっと同じところで仕事も食事も行っていると脳が活性化しないからです。

外に食べに行くというのは、仕事の生産性を上げる上でも意味のあることだったのです。せめて食事の時くらいは仕事場を離れて、オフィス内でも休憩用の場所に移動して食事を取るべきです。脳を休ませることで、午後の仕事のパフォーマンスも上がるからです。

外食だけで、長時間コンピューターの前に張り付く生活をすると目にみえて肌がぼろぼろになり、体重も増えます。いつも疲れていて、頑張っているけれども仕事のパフォーマンスも悪いような時は、体調を崩して、うつ症状が出たりもしました。こうした体験を反省し、お昼が外食になった場合でも、野菜とたんぱく質が取れるメニューを選びます。

夜は、自分で食事を作るようになりました。コンディション管理をしっかりしていかないとパフォーマンスも上がらず、精神的にもどんどん落ち込んでいくというのを実感したからです。

シンプルな料理は身体にもいい

今は朝と夜は基本的に自分で作ったものを食べています。

もともと料理は気分転換の一つとして、趣味でお菓子を作ったりもしていたので、朝食、夕食を自分で作るのは苦になりません（本当に仕事が詰まっている時はちょっと大変ですが）。毎日のご飯は特に凝ったものは作っていないため、そんなに手間も時間もかかりません。

旬の食材を使うことにこだわるくらいで、朝はフルーツと葉物野菜のスムージー、夜は旬の食材をさっとシンプルに料理して（ゆでるか焼くだけ）、だしやスパイスなどで薄く味つけしたものを食べるというのを基本にしています。シンプルな料理のほうが、手間もかからないだけでなく、身体にもよいのではないかと思います。添加物の多い加工食品は、ほとんど使いません。添加物を体外に排出するのに、身体に負担がかかるためです。コーヒー、お酒といったカフェイン、アルコールも平日はほとんど口にしません。飲みものは、ノンカフェインのお茶、ミネラルウオーター、炭酸水が基本です。

忙しく働いているビジネスプロフェッショナルは、買い物に行く時間を捻出するのも一苦労ですが、私はいつでも旬の食材が手に入るように、引っ越しをした際、徒歩1分以内に深夜営業しているスーパーがある物件を条件に家を探しました。ネットスーパーは、注文と配達に時差があったり、受け取るのに自宅にいなくてはいけないので、かえって時間が制約されるため使いません。

食事をどうするのかは、いい仕事をするためにも最優先の課題なのです。

砂糖はあまり使わない

朝はフルーツと葉物野菜をどんどん切ってミキサーで30秒で作れるスムージーが中心ですが、自家製のジャムを塗ったトーストや自家製のヨーグルト（どちらも煮込むだけか放置するだけ）に熱い一杯の紅茶といった洋風の朝食をとることもあります。紅茶にもジャムを少し入れてロシアンティーにしたり、ミルクにはちみつ、しょうが、またはシナモン、クローブ、ナツメグ、カルダモンなどのスパイスを加えることもあります（ちなみに紅茶は、朝はタンニンが多めで目が覚めるくらい濃く淹れたモーニングティー、午後は夜の睡眠の質に影響しないよう低カフェインのアフターヌーンティーを選んでいます）。

ジャムを自分で作るようになったのは、うつ症状が出て太り始め、白砂糖をできるだけとらないように心がけるようになったからです。使用するのは、ラズベリー、ブルーベリー、イチゴ、マンゴー、ルバーブ、ブドウ、リンゴ、ゆずなど季節の果物です。

作り方は非常に簡単で、お鍋に黒砂糖と皮やへたを取った果物、レモン汁を入れ、とろ火にかけて放置しています。時折かきまぜ、あくをすくう程度。

小麦も精製されたものでなく全粒粉を使ったり、あるいはそば粉にしたりしています。**健康マニアというわけではありませんが、自分のできる範囲でコントロールするようにしています。**お菓子も、砂糖はあまり使いません。マクロビオティックスイーツ風のものを作って食べています。そういうものを作る余裕がない時は、無塩のナッツ類かドライフルーツです。コンビニやスーパーで買って、小さなタッパーに詰めて持ち歩いています。血糖値が急激に上がらない低ＧＩ値のものを食することで、眠くなったりせずに集中力が維持でき、仕事の生産性が上がります。

「だしの素セット」を作って置いておく

忙しい時のための「時短料理」レシピも数多く開発しました。「時間がない」時は、鍋やスープ系、オーブンに放り込んだままにできるメニューとなります。

前もって簡単な準備をしておくと、毎日ご飯を作るのは、仕事が忙しい時でもそれほど

重荷にはなりません。

たとえば暇な時にテレビを見ながら、鰹節や昆布を調理バサミで切り、いりこの細かくしたものと混ぜた「だしの素セット」を作ってストックしています。出勤前にだしの素セットを水につけたまま出かければ、帰宅時にはだしが取れていて、味噌汁や煮物、スープなどにそのまま使えます。大根などそのあたりにある野菜や油揚げを入れて温めて味噌を溶かせば、わずか10分でそれなりに充実したお味噌汁ができてしまいます。

調味料もあまり使わない

ご飯も出かける前に吸水させて、帰宅後、土鍋で炊いています。土鍋だとわりと時間もかからずに炊き上がります。余った分は、すぐにラップで包んで急速冷凍し、忙しい時はそれを解凍して食べるというふうにすると、そんなに時間はかからないのです。

調味料はあまり使いません。醤油はほとんど使わず、基本的には瓶詰めされているだしとレモン汁やお酢、ドライハーブ、スパイスなどで調味しています。塩分や添加物を多く取ると、排出するために身体に負担がかかり、仕事の集中力も途切れがちになるように感じます。

これはロンドンにMBA留学していた時の影響からきています。自費留学だったため、お金に余裕がない上に、当時のイギリスにはまだ和食用の食材があまりなく、醤油も高かった。そのため、仕方なくレモンやビネガーで味つけすることが多かったのですが、それでも十分美味しいことに気がついたのです。また当時、実家からたくさん送られてきた乾物を使った料理のレパートリーも広がりました。今の私のシンプル料理の土台はロンドンでの窮乏生活（？）中に作られています。

忙しい時は、ご飯と納豆、生卵

一見、大変そうな煮込み料理やグリル料理も実は、手間がかかりません。野菜などの素材を適当に切って、鍋に入れてとろ火で煮込むか、オーブンに入れて焼けばいいのです。野菜は、根菜類が中心ですが皮をむきません。端だけ切り落として、食べやすい大きさに切るだけです。

本当に忙しくて余裕がない時は、ご飯と納豆、生卵だけでも食べるようにしています。キムチ、ネギ、のり、ごま、ごま油などを加えることもあります（ちなみに、ネギとのりは調理バサミで切ります。めんつゆを少量足すと美味しいです）。

さらに仕事が切迫して時間に余裕のない特に朝は、果物や野菜を切ったりなどしていられないので、必要な栄養素がすべて入ったプロテインシェイクを飲んでいます。30秒で朝食は終わり。

煮込みや具だくさんスープは、手間はかからないけれど、ちょっとしたご馳走のように見えるだけでなく、実際食べると美味しい。**毎日、料理することはそんなにハードルが高くないのです。**

エキストラバージンオリーブオイル、亜麻仁油などの良質の油も、バルサミコ酢や赤ワインビネガーと合わせてサラダのドレッシングに使い（小瓶に材料を入れて振るだけ、10秒）、積極的に摂取しています。カロリーよりも、野菜とたんぱく質、糖質のバランスに気を使い、満ち足りた食事になるようにしています。良質の食事をとることで、質の高い、満ち溢れるようなエネルギーを維持し、パフォーマンスを高めることは、ビジネスプロフェッショナルにとって不可欠といえましょう。

第6章のまとめ

1 マインドフルネスで、感情を落ち着かせる

▶最近注目されてきている「マインドフルネス」。息を吸い、息を吐くといった目の前のことに集中して、瞑想してみましょう。

2 毎日6〜8時間、質の高い睡眠を取る

▶安定して高いパフォーマンスを上げるには、コンディションを整えることも大切になります。休息と栄養をきちんと取ること。ただ、眠ればよいのではなく、睡眠の質がポイントです。

3 昼休みに15分仮眠を取って脳を休ませる

▶軽く疲れを取るための15分程度の仮眠でかなりリフレッシュできる。ただ、本格的な眠りに入ってしまうと夜の睡眠の質が下がるため注意しましょう。

4 体調管理の基本は、自分で作ったものを食べること

▶体調を整える上で最も大切なのは、食事です。コンディション管理をしっかりしていないとパフォーマンスも上がらず、精神的にもどんどん落ち込みます。

5 おやつ・間食にも気を使う

▶眠気や集中力の低下を防ぐため、血糖値が急に上昇しない低GI値の食品を口にする。くるみ、アーモンド、カカオ豆などの低糖質ナッツ類、ドライフルーツ（果糖が少ないものを）、ブラックチョコレート（75%以上のハイカカオチョコレート）、無糖ヨーグルト、お豆腐、ゆで卵、野菜スティックなど。

第7章

仕事で使える英語力の高め方

英語力はやはり必要

グローバルに通用する人材とは、英語ができる人ではありません。国際的に通用する専門スキルや汎用性の高いスキルを持っている人を指します。ただ、汎用性の高いスキルにはコミュニケーション力が不可欠で、当然英語力も含まれます。

仕事の種類によっては、英語の他に中国語やスペイン語が必要という人もいるでしょう。私は外資系企業で働いているので、仕事で使用する言語は、基本的に英語です。直属の上司も社内顧客である経営リーダー層も非日本人なのでコミュニケーションも英語、メールのやりとりも会議資料もすべて英語です。各国にいるプロジェクトメンバーとの連絡やテレコンも英語です。

社内でも部署や業務によって英語を使う頻度は違いますし、日本人社員やスタッフとやり取りしながら日本国内の業務を中心に進める際には、日本語が中心ですが、業務に英語を使うことは私にとっては日常的なことです。

日本企業でも、海外の取引先や拠点とやり取りするのに英語を使う頻度は増えてきています。電子メールや電話で英語を使うのは珍しくない。社内の会議も英語で、海外拠点のメンバーとの英語でのテレコンに参加している人もいるでしょう。得意不得意にかかわらず、英語を業務で使わざるをえない状況の人も少なくないはずです。

英語力を理由にキャリアを諦めない

しかしながら、英語に苦労しているビジネスパーソンが多いことも実感しています。実際、日本のビジネスパーソンの英語力の世界的評価は芳しくありません。

ＩＭＤ（国際経営開発研究所）の「世界人材調査２０１５」によると日本は、「語学力」の評価で61カ国中60位、非常に低い評価です。欧米の大学への留学基準となるＴＯＥＦＬの14年の平均スコアランキングで、日本はアジア諸国30カ国中22位。これは直接ビジネスパーソンの英語力を示すわけではありませんが、アジアの中でも日本人の英語力があまり高くないということがわかります。

「英語ができればグローバル人材というわけではない」とはいっても、英語でコミュニケーションがある程度できなければ、グローバルに通用する人材とはなりえません。「英語ができるからといってグローバル人材ではないよ」と語るビジネスパーソンの多くは、実は「英語ができないためにグローバル人材になることをためらっている」人ではないかという疑念もわいてきます。

英語力が原因でさまざまなキャリアを諦めているとすれば、もったいない話です。

留学経験がなくても英語は身につく

英語が苦手なビジネスパーソン、英語を学ぶことに消極的なビジネスパーソンには、留学や海外生活の経験がないと英語は身につかないと誤解している人が目立ちます。大学卒業後、英語は忘れてしまい、今から再学習しても身につかないと諦めている人も多いですが、適切に学べば英語力は伸ばせます。英語に限らず、語学はみな同じです。

「たかが英語、されど英語」なのです。いきなり同時通訳レベルの英語力にスキルアップ

するる必要はありません。仕事でコミュニケーションが取れる英語力のみを身につければいいのです。発音も相手に通じればＯＫ。大事なのはむしろ話す内容です。きれいな発音で、知的な英語表現が求められる場合もありますが、いきなりそのレベルの英語が必要な人はまれです。まずは今の仕事で必要とされる英語力にレベルアップし、今後必要になりそうな英語を学ぶことから始めればよいのです。

仕事のポジションが上がるにつれて、高いレベルの英語力をその都度、必要に応じて身につけていく。次に目指すポジションに合う英語力を先取りして身につけていくのがおすすめです。そうであれば、仕事にも英語学習にも身が入るのではないでしょうか。

具体的な学習目標を設定する

よく、「今年こそ、英語ができるようになりたい」といってくる人がいます。断言してもいいですが、こういう人は、一生、「英語ができる」ようにはなりません。

英語学習を始めるにあたってはまず、具体的な到達目標を設定しましょう。

キャリアにせよ、ビジネススキルにせよ、到達目標が必要で、これは英語も同じです。具体的にどんなレベル、どんな場面で使う英語をマスターするか明確な目標を立てる必要があります。

目標を絞り込まないで、なんとなく「英語力」を伸ばそうとすると、「一般教養」的な英語になってしまいます。初対面の人と挨拶をしたり、旅行先でお店の人とコミュニケーションするといった「サバイバル・イングリッシュ」や、趣味や日々の出来事を話すレベルの英語から進歩しません。

羅針盤がないまま、目的地を定めないまま、英語を学ぶのは、無駄です。

ビジネスで英語を学ぶ人の場合は、仕事のコミュニケーションツールとして英語を使うわけですから、「仕事のどんな場面で、どんな目的で使う英語力が必要か」「どんな効果・結果を得たいのか」を書き出してみましょう。

このように具体的に英語を使う場面をイメージすることがとても大事です。

さらに自分が今後携わりたい仕事では、どんな場面で、どんな英語を使うかも書き出してみてください。加えて、英語に関して困っている点、英語の課題を書き出してみてもいいでしょう。

今、必要とされている英語力（例）

- 海外の拠点やカウンターパートの担当者との電子メールでのやりとり
- 海外の拠点の担当者との電話連絡
- グループ内、社内で一斉送信される英文メールの作成
- 海外のカウンターパートや事業リーダーの、訪日時のアテンド
- 海外拠点への出張

・社内、部内の英語会議
・英語のテレコン（聞いて理解する、意見を述べる、ファシリテーションまでやるなど、どの程度のレベルを目指すか）

今後、使えるようになりたい英語力（例）

・海外拠点勤務
・英語でのプレゼンテーション
・経営陣との打ち合わせ
・海外拠点の部下のマネジメント
・契約交渉　など

リストはその人の職種やポジションによってさまざまです。

今、あなたに必要な英語力は何か。英語を使う場面設定が細かければ細かいほど、学ぶべきことが具体的になります。

「顧客からのオーダーを電話注文によって、英語で受ける」「アジア各国のメンバーと業務の日程調整をメールでやり取りする」などピンポイントで、必要としている英語力を洗い出し、「海外拠点のメンバーとの電話での連絡をもっとスムーズに行いたい」「電子メールで相手にクレームや依頼をする時に、気分を害さないようにメッセージを伝えたい」など、今まさに直面している英語の課題を出していきます。

まず、抱えている課題をクリアするための英語から学んでいきましょう。たとえば、いくつかの英語表現を覚えるだけでも業務がスムーズになります。「すぐに使う」表現を周囲の英語のできる人に聞いたり、アドバイスを求めてみる。そこから英語学習に弾みをつけましょう。

グローバルで使われる英語はシンプル

実際にビジネスプロフェッショナルに求められる英語力とはどんなものなのでしょうか。

基本としては、標準的な文法知識を持って簡潔にいいたいことを話せ、書ける力。リスニングにおいては、さまざまなバックグラウンドの人の発音を聞き取る力、あるいは確認しながら理解する力でしょうか。

文法については、標準的な知識があれば十分です。というのも、ビジネスの世界で使われる構文は、基本的にシンプルなものが多いからです。

関係代名詞も会話ではめったに使いませんし、複文で話すことも少ない。短い文を重ねるほうが、要点が伝わりやすいからです。

テレコンでややこしい逆接の従属接続詞を使って、もごもご話していたら、何をいいたいのだろうと聞き取る側はじりじりしてしまいます。

いいたいことを、端的かつ簡潔にいうことが大事です。

SV、SVO、SVCの3文型をまずは使い倒しましょう。

英語は、SV、SVO、SVCでいい

ビジネス英語を学ぶ日本人が陥りがちなのは、「長く話そう」「長い文章を書こう」とす

ることです。会議でやたらと複文を使い、長々と説明をしようとする「英語のできる先輩」がいませんか。

長く話せる、長く書けることは別に英語ができる証拠ではありません。長い文にするとミスも起こりやすくなります。主語と述語が合わなくなっていたり、論理がねじれてしまったりと意味不明なことになってしまう危険性が増します。何より、ビジネスでは「だらだら長い」ことは嫌われます。簡潔に要点をまとめて話したり、書いたりすることが求められます。

シンプルにSV、SVO、SVCでいい切りましょう。むりやり受動態にして格好つける必要もないです。

なお、だらだら長い英語は、むしろ自信がなくていい訳をしているのではないかとも思われてしまいます。前後に前置きを置いたりしていませんか。Althoughなどで始まって留保がたくさんあるいい方、たとえば「これはこうかもしれませんが、でも、こういうことも考えられまして、その場合には……」といったいい方はいかにも、いい訳モードですね。

「この状況だったら、これを提案します。理由はA、B、C。もし状況がこのように変わった場合は、こうなります。理由はD、E、Fです、以上」

同じことでも、このようにシンプルにいわれたほうが説得力も増しますし、状況をしっかり把握して責任が取れる人と見なされます。

メールでも「長い文章」がレベルの高い英語だと勘違いされているケースがあります。関係代名詞や従属接続詞や分詞構文を使って"which is～"のような文章がたくさん出てくる。間違ってはいないけれども受験英語的で練られていない表現なので、読む側からすれば面倒なだけです。

長い英文を書くのは避けて、簡潔で端的な英語表現を目指しましょう。

トップエリートも、決して複雑な英語を話しません。基本は、SV、SVO、SVCの3文型です。簡潔で力強い英語表現を使うので、基本的に短くなるのです。

「私はこう思う」と短い文のほうが力強く主張が伝わります。

プレゼンテーションでは受動態もあまり用いません。「私たちがこうする」という能動態中心です。力強くプロジェクトを進めていく感じを出します。きっとポジティブな感じを表現したいのでしょう。だから、「あなたはこうすべきだ」という表現も多い。**ビジネスで使う英語表現はシンプルでわかりやすく、力強いものが基本なのです。**

英語はインストールで身につける

英語の学習法は、基本的に仕事のスキル習得法と同じです。

コンテンツや型をインストール→実践→フィードバックをもらう→自分用にカスタマイズしながら使う。

語学学習は、この流れがぴったり当てはまります。

英語のインストールから説明します。身につけるべき語彙や表現は音声を聞いたり、読んだり、書き写したりと反復練習を繰り返して覚えます。単に暗記して意味がわかるレベルではなく、必要な場面でさっとよどみなく出てくるレベルを目指します。考えてやっと出てくるレベルだと、インストールは未完成。考えずに反射的に言葉が出てきたら、インストール終了です。

インストールするためには、時間がかかります。一回書き写したから、一回音読したから身につくというわけにはいきません。

ある英語表現を知っていることと使いこなせることは別です。この「Know-Do Gap」を埋めるように徹底して練習し、インストールしましょう。スポーツや楽器の練習に近い行為です。個人的には、インストールはなるべくすべての感覚を使って行うと、効率的に身につけることができると思います。

目で読む、口でいう、耳で聞く、手を動かして書き写す、ディクテーションをする。こうしたことを徹底して行うと、早く身体に定着していきます。

学習テーマがメールの書き方であろうと、英文レポートの読解であろうと、できるだけ複数の感覚を使って学んでいきましょう。上級者になればそこまでやらなくてもいいですが、初級者・中級者レベルは、なるべく感覚を複数使う勉強をおすすめします。

重要なのは、できるだけ短期間でインストールすること。悠長にやるのではなく短時間で反復練習の頻度を上げ、集中してやりましょう。一つインストールしたら、また別のものをインストールして、バリエーションを増やしていきましょう。

今も私は、「英語のお手本」を見つけたらインストールするようにしています。

最近は忙しいために頻繁に反復練習はできていませんが、気になる表現があれば、音読を繰り返したり、メモしたりして、できる限り記憶に残すようにしています。

英語は実際に使い、フィードバックをもらう

英語は実際に使ってみてこそ身についていきます。インストール中の英語は、どんどん使ってアウトプット練習をしましょう。語学学習ではこのアウトプットが、絶対に必要です。

理想は、仕事の現場で実際に使っていくこと。覚えた英語表現を部内の打ち合わせで使い、電子メールで、使ってみる。さらに、仕事相手にあなたの英語についてフィードバックを頼んでみましょう。意味が通じたか、文法上の大きな誤りがあったか、より的確な表現があるか、など、できれば英語上級者かネイティブの方から、フィードバックやアドバイスをもらってください。

「その表現は、この場面で使うのは少し変です」といったフィードバックをもらったら、ではどんな表現が適切だったのか、もっとうまいいい回しはあるか、覚えた表現はどんなシーンで使えばよいのかも確認してみましょう。**さまざまなフィードバックがもらえれ**

ば、英語の理解も深まり、運用力が高まります。仕事の場でフィードバックを頼みにくい場合は、英語ができる知り合いにアドバイスをもらう。あるいは英会話レッスンに通ってフィードバックをもらってもいいでしょう。

英語を学ぶ環境は、工夫次第で簡単にできます。英語を使う機会を可能な限り積極的に作り、アウトプットを増やしてください。反復練習を繰り返して英語をインプットしながら、実際に使い、フィードバックをもらい、使い方を調整する。このサイクルを繰り返せば、英語の運用力はどんどん高まっていきます。

英語の先生は吟味する

英会話スクールに通うのは、英語の運用能力を高める上で効果的ですが、より効果を高めるためのポイントがあります。それは、英語を教える能力に加えて、ビジネス経験のある講師、あるいはビジネスの世界、ビジネスで使われる表現をよく知っている講師を選ぶことです。

ビジネスシーンで使われる英語表現の型のバリエーションを、豊富に持っている先生に教わりましょう。可能であれば、先生のこれまでのキャリアを教えてもらい、お試しレッスンを受けて納得した先生に教えてもらうことです。

また、キャリア経験の中でも、自分の業界や職種に近い経験をされている先生であれば、なおベターです（差し支えなければ、その先生の学歴もチェックしましょう。英語表現だけでなく、論理的思考も合わせて鍛える必要があります。日本人のビジネスパーソンは、文一つ一つの英語はよいが、全体として何を主張したいのかよくわからない、という方が多いです。自分と比べて、知的レベルが少なくとも同等、高ければ高いほどいい先生です。正直、英会話スクールの先生には、本国ではまともな教育やキャリアを達成できずに日本に来た人もいますので、同じ金額を払うのであれば、お金と時間を投資するに値する先生につきましょう）。

また、グループレッスンのほうが授業料は安いですが、**効率的にビジネス英語力を身につけるには、個人レッスンがおすすめ**です。仕事のニーズに合った表現を集中して教わる。または、発音、表現や話し方などを徹底的にトレーニングしてもらいましょう。どう教えてほしいのか、より具体的に先生にリクエストしてレッスンを受けましょう。結果的には、時間単価は高くても、費用対効果はさらに高くなります。

シュリーマン式勉強法

私が学生時代から行ってきた英語学習法は、「**シュリーマン式勉強法**」です。

中学生時代、トロイ遺跡を発見したシュリーマンの伝記を読んで知りました。語学の天才といわれたシュリーマンは、何カ国語にも通じていたそうですが、**彼の勉強法は、好きな本を一冊選んで母国語で読み、次にマスターしたい外国語は母国語訳と同じ本を買ってきて、翻訳などはせず、ひたすら部屋の中をぐるぐる歩き回りながら音読するというものでした。**

私もシュリーマンを真似して、中学生の頃、大好きな「星の王子さま」の英語版の本を買って音読してみました。内容は日本語で頭に入っているので、知らない英単語や言い回しが出てきても、どういう意味かだいたいわかる。英語がどんどん読めてしまうんですね。

シュリーマンを真似て、部屋の中を歩き回りながらひたすら音読しました。目で単語を見て、口で発音し、その発音を耳で聞く。繰り返していくうちに、語彙力も語法も、読解力もだんだん身についていったのです（フランス語も同様の方法で伸ばしました）。

実は学校の英語もシュリーマン式というか、音読式で学びました。教科書をひたすら音読。塾にも通っていなかったのに英語の試験はいつも満点でした。教科書にはマーチン・ルーサー・キングの話に魚の産卵といった具合に、社会的な問題からサイエンスまで幅広い内容が網羅されていました。今思うと、まじめに教科書を音読し続けたことでかなり幅広い領域を英語で表現できるようになったと思います。

サブノートなどはいっさい作りませんでした。本や教科書に、直接単語の意味やポイントを書き込んでいきます。情報はすべて一元化して、それを完璧にマスターしたほうが効果的だからです。

中学生や高校生の頃に、先生から「ノート提出」といわれて、みっちり書き込んだ教科書を提出したら叱られましたが、その時も先生をそのように説得しました。

英文がなかなか読めるようにならないと感じている方は、シュリーマン式をぜひ試してみてください。昨今は、オーディオブックやＤＶＤなどがついた書籍も豊富にありますので、シャドーイングしながら音読してみるのもよいかと思います。

英語こそロケットスタートで

ビジネスで使う英語は、仕事と同じようにロケットスタートで身につけましょう。外国語の学習といえば、時間をかけてじっくり総合的に伸ばしていくのが通常の考え方ですが、身につけるべきなのは、コミュニケーションツールとしての英語です。つまり、ビジネスの現場で意思疎通するための英語力です。明日からでも使いたいわけですから、悠長にのんびりかまえている余裕はありません。

ビジネス英語は、ポジションが上がっていけばいくほど、文化、教養的にも高い英語力が必要となっていきます。でも当面の目標が、「海外の拠点に電子メールでのやり取りをスピーディーに、誤解のないように行う」「電話で簡単なやり取り、確認ができる」であれば、そこに特化した英語力を身につけることに集中しましょう。

必要な英語表現を素早くインストールして、学びながらできることをどんどん増やしていく。スピードが大事です。

「電子メールでのやりとり」といったテーマであれば1、2カ月程度でマスターしていくべきです。ゴール後は、次の目標を同じように短期間で習得して、どんどん使っていく。その積み重ねの結果、1年後には明らかに英語のレベルが上がっているというのが理想です。

英語学習も、ロケットスタートで学びましょう。短期間で知識を定着させるには、練習の濃度、サイクルを上げるのです。まずは反復練習を徹底的に繰り返して完全に暗記する。仕事と同じで、立ち上げ時に一気に進めてしまいましょう。教材もコツコツとやるのではなく、全体を把握してから、優先順位の高い順番にどんどんやっていく。2カ月でやろうと思うのなら、集中して最初の10日くらいで全体をひと通りやって、あとは反復練習で定着させていくのです。

ラクしてできるようになる英語、といったような本が巷に出回っていますが、気楽に身につくのは所詮低レベルの英語です。ビジネスで成果を挙げる英語を学びたいなら、ある程度の努力が必要です。

特にビジネス英語の初級者レベルの場合は、初期段階に負荷をかけて加速をつけ、語彙力、読解力、スピーキング力、リスニング力、ライティング力などの総合的な英語力を一気に中級者の入り口までレベルアップさせましょう。ひと通り英語で仕事ができる、なん

とかなるというレベルです。そのレベルまできてしまえば、英語に対しての苦手意識もなくなります。

一刻も早くこのレベルに到達しましょう。通常1年くらいのスパンで考えられていることを半年くらいで終えるようなスピードが必要です。語学やスポーツでの力の伸び方のグラフは、ある期間努力すると突然レベルアップするという形で示されますが、そのためにも学習の回転数を上げて定着させましょう。

教材は手を広げず集中してインストール

私は英語学習用の教材を使うというよりは、とにかく英語の本や教科書を読んで、音読したり、写経しながら表現を覚えて、実際に会話やレポートで使うということを繰り返して身につけてきました。

今は英語学習教材が数多く出版され、ビジネス英語関連の教材も数多く存在します。ネットでも英語学習ができ、スマホのアプリで英単語の勉強ができるなど学習手段が豊富にあります。それらを利用するのです。あれこれ迷わず、適当な教材を選んだらインストールを開始しましょう。ビジネスメールの書き方を習得したい人、ビジネスシーンごとの英語表現を学びたい人、それぞれの目的に合わせて適当な教材を選び、一気にインストールします。

英語で話すのが苦手な人には、最近はレッスン代がリーズナブルなネット英会話レッスンもあります。毎日受講して、英語を話す。コミュニケーションすることに慣れてしまいましょう。注意すべき点は、一度に手を広げないことです。ランニングと一緒で、いきなり無理をせず、少しずつ集中して始める。それがケガ（大きな失敗、挫折）をしないで長く続けるコツです。

一度にインストールできる量は限られています。一つのテーマに集中して、短期間で習得することを心がけましょう。でも、この教材はあまり役に立たないと感じたらばっさり切り捨て、より自分にとって相性のよい教材に乗り換えることをおすすめします。また、分厚い本などでインストールが大変な場合は、どのような例文、情報がどこに書いてあるかだけをざっと把握した上でデスクに置いておき、必要な時に辞書のように参照する程度でも大丈夫です。

ＮＨＫのビジネス英語講座をマスターすれば現場ではＯＫ。基本的なビジネス英語としては、ＮＨＫのビジネス英語講座でカバーされている語彙力、表現力が身につけば、ビジネスの現場でのコミュニケーションは可能になります。「しごとの基礎英語」（Ｅテレ）、「入門ビジネス英語」（ＮＨＫラジオ）から始めて、「実践ビジネス英語」（ＮＨＫラジオ）のレベルに到達することを目指しましょう。ビジネス英語の基礎力が身につきます。私は、高校生、大学生の頃に「実践ビジネス英語」（当時は、「やさしいビジネス英語」）を聞き込んでいたので、就職後、ビジネス英語の世界に放り込まれた時に役立ちました。

名詞と動詞を優先的に覚えていく

初級者の場合、最初に重点的にインストールすべきなのは、英語の語彙です。現場では、文章で話さなくてもテクニカルワードのやりとりだけでコミュニケーションができてしまうこともよくあります。

とにかく語彙力がないと何も始まりません。特に重要なのが名詞と動詞です。仕事で使う専門用語、業界的な表現も早く身につけたほうがいいでしょう。

「経理って何?」「人事って何?」というようなさまざまな業界職種についての薄い英文の入門書が出版されているので、網羅的に学ぶとよいと思います。

経理の本であれば、財務諸表の説明なども載っていて、説明を読むことだけでも英語の勉強になり、仕事で登場するテクニカルワードがほぼ出てきます。

自分の業種について一冊用意し、さっさと覚えてしまいましょう。

ビギナーはグロービッシュの1500語で

英語がかなり心もとない、基礎的な部分から勉強し直したいという人は、「グロービッシュ」をインストールしてみてはいかがでしょうか。

グロービッシュは、グローバルなビジネスの場において、英語を母国語としない人同士がコミュニケーションするための英語で、フランス人のジャン・ポール・ネリエールが提唱し始めた「共通語」としての英語です。

標準的な英文法を使い、使用頻度の高い英単語1500語を用いれば、さまざまなビジネスシーンで意思疎通を図っていけるというもの。つまり、ネイティブのような英語を話す必要はない、難しい単語を使わずに簡単な単語を組み合わせて表現すればいいという考え方です。簡単といってもビジネスでよく使う言葉が入ってくるので、語彙としては日本の高1、高2レベルでしょうか。

実際、**グロービッシュで選ばれている1500語を使いこなせれば、ビジネスの場ではかなり対応することができます。**『世界のグロービッシュ』（東洋経済新報社）に、1500語の単語とその例文が載っています。ここに登場する単語をまずインストールしましょう。1500語といっても中学、高校、大学と日本人は英語を勉強しているので、知っている単語も多いはずです。

ただ、言葉の意味や発音を知っているというだけでは、インストールは未完成。その単語を使ったどんな表現があるか、どんな場面で使うか、手当たり次第に意味と使い方を学んでください。

個人的には、『世界のグロービッシュ』に紹介されている例文は少し硬い印象がありますので、インターネットでそれぞれの単語の例文を検索し、何例か英文を読んでみて、使えそうな例文を覚えるのがいいと思います。

比較的ビジネス向けの例文が多いオンライン辞書の英辞郎で検索をしてみる、あるいはいい例文が多いとされるロングマン現代英英辞典で調べてみてもいいでしょう。実際の業務ではその単語を使ったどんな表現があるか考えてみるのも、かなり力がつきます。

単語はイメージと共に覚えよう

語彙勉強というと単語帳で綴りと品詞と語義を覚えるという人が多いですが、私は単語帳を作ったことがありません。単語帳で一つの英単語に対して一つの日本語という一対一対応で覚えていくと、単語のイメージがなかなかつかめないからです。その言葉のイメージを理解して、どんな時にどんな感じで使われるかがわからないと、単語を使いこなすことはできません。その結果、とんちんかんな言葉の選び方をしてしまいがちです。単語それぞれのイメージを理解することがとても大事なのです。

私はGoogleの画像検索で、英単語のイメージをつかむようにしてきました。

たとえばsmileとlaugh。どちらも「笑う」という意味ですが、Googleで画像検索をすると少しニュアンスの違う画像が出てきます。smileは「ニコッ」という感じで、laughは「アハハ」と声を上げて笑う感じの画像が多い。ざっと見ているとその言葉の全体のイメージがわいてくる。その後で語義を確認していく。私は普通の人と逆で、明確な語義を調べる前にぼやっとイメージをつかむようにしてきたのです。

文章の中でどのようにその単語が使われているかを読むのも、単語のイメージをつかみ、理解するためのよい方法です。英和辞典や英英辞典などで例文を調べていってもいいのですが、最近はインターネットでもさまざまな検索が可能です。たとえば「expand 例文」「expand example」などで検索するとさまざまな例文が登場します。こうして登場した例文を4～5例読むと単語の使われ方やニュアンスをつかむことができます。

仕事で使えそうな例文を自分で考えてみるのもよい勉強になります。短い英文を作ったら、Googleに打ち込んで検索してみる。同じようないい回しが検索結果として出てきたら、その表現は使われる表現であるということになります。似たような表現がなければ、そうしたいい方は使われていないと判断できます。

標準的英文法をまずは復習

ビジネスでは、**基本的英文法を知っておく必要があります。**

「文法はいい加減でも感覚で通じればいい」という英語は、中級者以上ではアウトです。現場で咄嗟に正しい英語が出てこないため、とりあえず単語をつなげて通じたというのはその場の対処法としてはいいのですが、それで通じたからといって、いつまでもめちゃくちゃな文法のままコミュニケーションをしていては、知性が低い、能力が低い人物と見なされてしまいます。ポジションが上がってきたらなおさらです。シンプルでいいので正しい英語で話したり書いたりできるよう努力しましょう。

文法に自信がない人は、標準的な英文法の復習をしましょう。基本5文型といったパターンや、語順、動詞・時制の変化といったルールをもう一度学び直しておいてください。**じっくり時間をかけて英文法を習得するというよりは、これも1~2カ月で基本的なところを身につけておけばいい**と思います。

なお、文法も知識として理解しているだけではダメで、実際に話したり書いたりする時に使いこなせないと意味がありません。学習法も、厚い文法書をじっくり読むのではなく、簡単な文法説明と練習問題がついたドリルのような教材をやったほうが身につきやすいでしょう。

職場はビジネス英語のお手本の宝庫

英語の教材として一番おすすめなのは、仕事の現場で使われている英語を使うことです。

大学を出たての新入社員が社会人としての言葉遣いに戸惑うように、英語でも、ビジネスパーソンにはビジネスパーソンとしての英語表現があります。

私もオックスフォード大学大学院を卒業後に就職した会社でまず叱られたのは、「電子メールの文章がだらだら長い。ビジネスメールは研究論文ではない」ということでした。アカデミックな論文を書ける英語力はありましたが、ビジネスの英語ではなかったのです。

「ビジネスで使う英語ってどんな表現なのだろうか？」と悩みました。

とりあえずは周囲の人の真似をするしかない。そこで毎日、毎日、大量に送信される英文メールをチェックしました。

中にはだらだら書いている人もいて、「これは真似してはいけない例だな」と判断し、簡潔に論理的に、箇条書きで構造をまとめた電子メールを書く人を選んで、お手本としました。

最初は、「写経」です。お手本の英文を一言一句真似して書き写しました。そうすると、簡潔な英文のフォーマットがだんだん身体に入ってくるのです。

まずは「お手本」の英文をもとにしたテンプレートを作って、個別な内容だけ入れ替えて書くようにしました。日程調整のメール、お願いをする際のメール、説明をする際のメールなど、テンプレートのバリエーションをいくつかそろえると、ゼロから自分で書くわけではないので業務も支障なく進めることができました。

その後、少しずつ自分らしい表現にカスタマイズして、インストールを終了しました。ビジネスでの電子メールはひと通り書けるようになりました。

このように英語を使っているオフィスには、ビジネスで使う英語のお手本がたくさんあります。

電子メールだけではなく、部署内で配られる英文資料などもすべてお手本。英語のできる日本人社員や海外のカウンターパートも貴重なお手本です。レポートの書き方、会議や打ち合わせでの発言の仕方、提案の仕方、反対意見のいい方など、参考になる表現を見つけたらどんどんインストールしましょう。とにかく実際に仕事の現場で使われているという点が重要です。いま必要な英語表現、仕事で求められている英語表現だからです。どんな状況で発言しているのか文脈もわかるので、真似しやすい。

上司、同僚、海外のカウンターパートのメンバーの英語に耳をすまして、そこからお手本を見つけてはどんどん学んでいきましょう。

転職後は、「インサイダーの英語」にカスタマイズ

すでにビジネス英語ができる人も、転職して新しい職場に移ったら、その職場で使われ

ている英語にカスタマイズする必要があります。

業界や会社によって、話されたり、メールで書かれたりする表現には違いがあるからです。その会社のカルチャー、家風といってもよいでしょう。

新しい環境に移ったら、そこにふさわしい英語にバージョン変更する。それは新しい環境に一日も早く溶け込んで、高いパフォーマンスを発揮するために、大切なことです。

これまでいくつかの会社で働いてきましたが、会計事務所、金融、コンサルティングファーム、事業会社と業界が異なると、そこで使われている英語表現も微妙に違うのです。

電子メールの書き方も、かなり異なります。たとえば、一つの文の長さと一行の長さに関して、外資系会計ファームは一文が長く、横にも長いものが好まれました。外資系コンサルティングファームでは文面も箇条書きで書いて、余計なことは書かないのがよしとされました。ところが外資系事業会社だと、一行の長さは10センチ程度にして、行替えを頻繁に入れることを求められたのです。印刷した場合、内容が一ページ以内におさまるのが望ましいとされました。文面についても、物事の依頼や〆切りの確認の時は、「お忙しい中、申しわけないですが、これとこれをやってください」という感じで、少し感情を込めたほうがいい。

外資系企業のメールは、「短く、簡潔に」と一般には思われています。そして確かに日本の会社でやりとりされるメールに比べたら、どこも短いと思いますが、それでも会社によって「お作法」はかなり違います。

事業会社で働き始めて最初に書いたメールですが、上司から「いっていることは正しいし、ロジックも合っているけど、第三者っぽい」といわれて、なるほどと納得しました。「あなたも社内の人なのだから、読んだ人の気持ちなどを考えた内部の人らしい英語にしないとダメだ」とその人からはアドバイスをいただきました。

英文として正しくても、それでよいというわけではないのです。ビジネス英語は第一に「働いているところで使われている英語」なので、社内の英語つまり、「インサイダーの英語」を身につけて使っていくことが大事です。

「コロケーション」も英文検索で

単語には、よく一緒に使われる組み合わせがあります。

動詞と名詞の組み合わせ、形容詞と名詞の組み合わせ、動詞と副詞の組み合わせなど、単語同士の相性のようなものがあります。同じような意味の動詞なのに、こちらの動詞にはこの名詞がつくけれども、あちらの動詞につけるとなんだか合わないといったものです。

たとえば日本語でも、「事件が発生した」とはいいますが、「事件が生まれた」とはいわないように、同じような意味でもこの単語にはこの単語がくっつくといった決まりがあります。こうした組み合わせのことを、「コロケーション（collocation、語と語のつながり）」といいます。特に動詞と名詞の組み合わせは重要です。

英語を話したり書いたりするには、コロケーションが重要なので、単語を覚える時には例文まで調べ、どんな単語とよく組み合わされるのかを知っておきましょう。「ミーティングの時間を設定する」「出張時期を調整する」など、どのような動詞と名詞の組み合わせになるのか。日本語に引っ張られると、英語としては不自然な表現になってしまうことがあります。

辞書で似たような例文が出ていないか、ネットを検索して動詞と名詞の組み合わせを調べてみてもいいでしょう。

なお、「この表現でいいのか？」と自分で考えた英文が自然な表現かどうか迷う時は、私はGoogleで検索します。候補の英文をGoogleに" "（かっこ）つきで打ち込んで検索すると、クォーテーションマーク内の英文と同じものが含まれた英文がヒットします。そこで数千万件のヒットがあれば、一般的に使われている表現だと判断できます。

2つ、3つ、いい方の候補がある時は、それぞれ検索してヒット数を比べてみます。そこで圧倒的な差があれば、少ないほうは、「違和感のある使われ方なのだろう」と推測することができます。**正しいコロケーションをどれだけ覚えているかが、しっかりとしたビジネス英語を使えるかどうかの試金石になります。**

TEDやYouTubeの使い方

英語の会議でもっと印象的に話したい、いつかは心に響くプレゼンテーションをしてみたい、と思っている人は、TEDやYouTubeでお手本となるスピーチを視聴してみましょう。

たとえばスティーブ・ジョブズのスピーチをいくつかじっくり視聴してみるのです。

TEDでは、英語字幕や日本語字幕を設定してみられるので便利です。最初に日本語字幕で内容を把握し、英語字幕にして何回か視聴すれば、英語の表現もいろいろ学べます。

英語字幕を読み、音声を聞きながら、一緒に演説をしてみることをおすすめします。話し方、間の取り方を真似して話し、表情やアクションも真似してみる。そうすると、エグゼクティブの堂々とした立ち居振る舞いや魅力的な話し方がよく理解できます。

コンサルタントとして働いていた時は、社長や経営リーダー層の方にプレゼンする前に、お手本とするエグゼクティブのスピーチを繰り返し見て真似していました。

私の場合は、女性のエグゼクティブのスピーチがとても参考になります。堂々としていて魅力的に話している女性のプレゼンを視聴しながら、どんな声のトーンなのか。話すスピードはどうか、どんな目線で語りかけているか、徹底的に真似します。高校時代に演劇部に入っていましたが、劇団員になったように、全身で真似するのです。

すると、「なるほどここで間をおくことで、聴衆を惹きつけているのか……」といったことがわかります。スピードも少し速くたたみかけて話した後に、一番大事なところはゆっくり話して聴衆の気持ちを高めていくなど、印象的な話し方のリズムや流れが見えてきます。**「自分もこのように話せるようになりたい」と思った人のスピーチは、「完全コピー」するといいと思います。**

スキマ時間に勉強する

ビジネスパーソンは、忙しい日々を送っています。

その中で英語の勉強時間を作り出すのは大変かもしれません。しかし英語に限らず語学は、ちょっとしたスキマ時間を利用して勉強できるものです。

英会話スクールや英語学校に通うとなると気合も必要ですが、インターネットを使うレッスンであれば、気軽に続けられます。ちょっとした工夫で勉強時間はいくらでも捻出できます。特に貴重なのが、電車を待っている時間や通勤時間、ちょっとした空き時間に英文記事を読んだり、単語を覚えたり、表現を学んだりすることです。朝夕の歯磨き時間に暗記をしたりもできますし、入浴中に会話練習もできます。

大事なのは日々、何を学ぶかをあらかじめ予定として立てておくこと。学習メニューがあれば、空き時間を利用して効率的に学べると思います。私は、エレベーターの中でBBC Newsのヘッドラインを読んで、気になるいい回しがあれば、さっとメモをします。エレベーターでは待ち時間など意外と時間がかかっていますから、そんな時間も積み重ねるとばかになりません。

移動時間には、スマホやタブレットで『BBC News』や『Financial Times』『The Economist』『The New York Times』などの記事を読むことが多いです。あとはTEDで気になる人物のスピーチを視聴することもあります。

海外の英語メディアに触れるのは、単に英語のブラッシュアップをするためだけではありません。同じ事件、経済事象に対してBBC NewsやFinancial Times、The New York Times、はどのように報じているか、日本のメディアと論調はどのように違うのかを知るためでもあります。英語表現を学ぶのと同時に、複数の視点・論点を知ることで分析力の幅を広げていくといった目的を持って読んでいます。

トップパフォーマーの人たちは、何をする時でもこのように、一石二鳥、一石三鳥を目指して貪欲に学んでいると思います。

ポジションが上がると「正統派」「知的」な英語が求められる

昨今、フィリピンやマレーシアの語学学校に人気が出てきていて、コストが低く抑えられることもあり、留学する人が増えています。英語でのコミュニケーションが苦手、特に話すのが苦手な人が多い日本人にとって、ストレスなく普通に英語が話せるレベルに持っていくためには、実践的な学習だと思います。

ただ、**ビジネスエリートと頻繁に英語を使って仕事をするレベルを目指したい人は、どこかの段階でイギリスやアメリカなど正統な英語の発音や話し方を学ぶことをおすすめします。**

グローバルビジネスの現場では、それぞれの出身の特徴を持つ英語を話し合いながらコミュニケーションを取っています。ポジションが高くなると、次第に知的レベルの高い英語を話すこと、イギリスやアメリカの発音で話すことが求められるようになっていきます。あるいはそうした英語を話す人が評価されやすくなります。これはグローバルビジネスの世界の一つの現実です。

ビジネスリーダーがグローバルレベルで何かことを成し遂げるにあたって、エリート人脈が必要となる時があり、そうした人脈とつながるには、正統な英語を話せる人にアドバンテージがあります。また、欧米のネイティブスピーカーであっても、「Uh-huh」や「You know」といった filler words（言葉と言葉の隙間を埋める言葉）を多用すると、「知性が低い、いっていることが信用できない」「鬱陶しい、生理的にイライラする」といったマイナスの印象を与えてしまいます。

駐日アメリカ合衆国大使を務めたキャロライン・ケネディ氏は、filler words が非常に多いことで有名でした。コロンビア大学を卒業して弁護士になったにもかかわらず、「頭が悪そうなスピーチ、信頼できない話し方」と批判され、上院議員に立候補するのを断念したといわれているくらいです。

それほど、しっかりとした英語での話し方は重要なのです。

「You know」といった言葉を差し挟むほうが、ネイティブっぽい感じがして、つい入れてみたくなるかもしれませんが、マイナスの印象を与えてしまうのでビジネスパーソンは注意してください。

ビジネス英語の勉強はずっと続く

英語学習のモチベーションを上げる方法は、「いつかこんなポジションでこんな場で英語を話したい」となりたい自分をイメージすることです。今はメールのやりとりに苦労しているが、数年先には英語会議でファシリテーションを堂々とやっている姿をイメージしたり、ボードメンバーに重要なプロジェクトのプレゼンをしている姿をイメージしたりして、仕事のスキルと同時に英語のスキルもそのレベルに上がるように頑張るのです。

将来的な目標と現実との間には大きなギャップがあるでしょうが、今は小さな課題を一つ一つ達成して、ギャップを埋めていきましょう。課題を一つ一つつぶしていくうちに、海外との仕事で任される範囲が広がったり、役割のレベルが上がったり、仕事で英語を使う場面も増えていくでしょう。それとともに、ビジネス英語で求められる難易度も上がっていきます。**ビジネス英語の勉強はずっと続きます。**私は今でも、英語のブラッシュアップに努めています。

類語辞典を使って語彙や表現をレベルアップ

ビジネス英語は、仕事の現場で必要なコミュニケーションを取るためのものですが、ポジションが上がり、任される業務のレベルが上がっていくに従って、必要とされる英語力も次第に高度なものが要求されるようになります。

ポジションが上の人にさまざまな提案をしていくとなれば、論理的かつ知的レベルの高い表現ができたほうが、圧倒的に有利です。

中でも**大切なのが、使う語彙のレベル**です。成功しているビジネスリーダーの英語は、使っているボキャブラリーも格調高く、表現も多彩です。最初の段階では、意思疎通を確実に図っていくため、グロービッシュの単語を使いこなせるレベルを目指すべきですが、このレベルに到達した人は、今後のキャリアアップに備えて、英語のレベルアップに励みましょう。

ボキャブラリーのレベルアップ、表現のブラッシュアップを図る上で、類語辞典は本当に便利です。今、使っている表現は他にどんないい方ができるのか、どんな単語でいい換えができるのかを、類語辞典を調べて学びましょう。

英語では類語辞典のことを、「Thesaurus（シソーラス）」と呼びます。Thesaurus はギリシア語の「宝物」「宝庫」を表す言葉を語源とする英語ですが、まさに類語辞典は言葉の宝庫です。同じような意味でも、グロービッシュの基本語彙よりも的確な表現や知的レベルの高い言葉が見つかります。反義語も表示してくれる辞書が多いので、ボキャブラリーが一気に倍になります。類語辞典は、紙の辞書以外に電子辞書、オンライン辞典やスマホのアプリもあります。私は、単語のイメージ検索と同時に行っていて、ネットの類語辞典（http://www.thesaurus.com）をよく使っています。

これまでの転職では、私は比較的短期間で非日本人のビジネスリーダーとのミーティングやプレゼンテーションに呼ばれ、ヘッドスタートを切るチャンスに恵まれてきました。その理由は、英語のボキャブラリーのレベルと表現の幅の広さのおかげと感じています。オックスフォードやMBA留学を経験したので、トップエリートのレベルの語彙力を身につけていたことと、彼らが使うのと同じようないい回しができることではないかと思うのです。仕事のチャンスを増やすためにも、英語力のブラッシュアップは大切です。

短期間で上級の語彙力を学ぶ方法

短期間で、語彙力を一気にビジネスエリートレベルにまで上昇させたい場合は、ＭＢＡ留学などに必要なＧＭＡＴ試験向けの教材を利用するといいでしょう。

ＧＭＡＴの英語試験で頻出する英単語を集中的に学ぶと、ビジネスエリートが使う語彙を集中的に学ぶことができます。なお、ＭＢＡ向けの語彙教材は書籍の他、最近はアプリにもなっています。**忙しいビジネスパーソンは、単語学習は隙間時間を活用しましょう。繰り返し単語を脳に叩き込むのが効果的です。**

読解力を高めつつ、ビジネスの英語レベルを高めたい、維持したい人はＭＢＡレベルの英文を多く読むようにしましょう。たとえば、『Financial Times』、『The Economist』、『Bloomberg Businessweek』、『Harvard Business Review』などの記事がおすすめです。このレベルの文章を理解し、その内容について他の人に説明できるレベルを目指しましょう。

COLUMN 5

日本人の長所をグローバルな場で生かすには

グローバルなコミュニケーションシーンで、日本人は存在をアピールするのが苦手とされています。会議の場でもなかなか意見がいえず、他の拠点の社員に比べてアピール度が弱いという傾向があります。

これは単純に英語力の問題というよりは、コミュニケーションの仕方、そして日本人の性格の問題ではないかと思います。グローバルな会議に出た経験をお持ちの方ならおわかりでしょうが、みんな自分の意見をドンドン主張して、会議の流れも何もないという状態になりがちです。日本人としてはどのタイミングで自分の意見をいっていいかわからずに、発言しそびれて結果として何も発言しなかった、議論に貢献しなかった人となってしまうなど、割を食いやすい。

積極的にアピールしなくてはと思っていても、他の国の人たちのアグレッシブさにはどうしても負ける。どうしたらいいのか?と悩んでいる方もおられることでしょう。

実は私もMBA時代に同じ悩みを持ちましたが、日本人には日本人ならではの価値の出し方、アピールの仕方があるという自信を得ました。

私が留学していたロンドンビジネススクールのMBAは、7割が非ヨーロッパ人でした。アメリカのMBAだと、多くても30%がインターナショナルスチューデントなのですが、ロンドンの場合は圧倒的に留学生が多い。

60カ国くらいから学生が集まっていて、ミニ国連のような状態です。一番多いのは、アメリカ人だったりインド人だったりするのですが、いろいろな国の人とチームを組まなければなりません。

ディスカッションが始まるとアメリカ人がアメリカ英語で、ドワーッと激しく主張し、続いてインド人がワワワーッといって、そこにカナダ人が乗り、控えめなルーマニア人やスイス人が斜に構えながらも、ポッポッと意見をしっかり差し挟んでくる。最初はその空気にのまれてしまって、発言する機会すらありませんでした。

何とかいおうとしても、機関銃のようにしゃべっている人たちの中に入り込むことは非常に難しい。グローバルな世界ではこんなにアグレッシブにならないといけないのかと絶望的な気分になりました。すごく無理をして割り込んで、「でも私はこう思う」と発言してみましたが、あまり場に影響力は与えられず、単にみんなの喧嘩に乗った感じ。何よりもすごく無理してやっていることなのでつらい。

こんなふうには続けられない。他のアプローチで私の価値の出し方はないのかと模索した時に、「和をもって貴しとなす」ということわざが思い浮かびました。

喧嘩状態でさまざまな意見が飛び交う会議を筋道立てて整理してあげるというのが、和をもって貴しとなす日本人の私の役目ではないか？　自分を主張して、議論をリードしていくやり方もありますが、それだけではない。そこでディスカッションでメンバーがそれぞれに主張し合って収拾がつかない時に、それぞれの発言の要点を全部、ホワイトボードに書き出して整頓するという作業をしてみたのです。ある意味、書記のような立場です。

スイス人のA君はこういっているのに対してアメリカ人のB君はこういっている。ここここの部分の見解は共通で、細かい意見は違うけれど、向かっている方向性は同じといったことが、書き出していくとはっきりします。するとみんな、少し冷静になってくる。この点とこの点は同意（agree）する、この対立点の問題は何かなどと、議論の方向性を見せることができ、建設的に議論が進められる突破口が増えてきました。少し第三者的に眺めていたこともあり、グループ全体に対するフィードバックもできるようになっていきました。「○○君ばかりが意見を述べているけど、××さんの意見も聞いてみたら」「今、チームワークがよくないように見える」など、徐々にリーダーシップを発揮できる場面が増えてきました。

つまりみんなに貢献ができたのです。最初は英語力が劣るし、発言も少なかったため、仲間の私への評価は低かったと思うのですが、書記的な立場になることで、「ミキもバリューがあるメンバーだ」と認められるようになりました。

意見を整理して、調整するという形で会議に貢献する方法もある。何もひたすら自分の意見の正しさを強く主張しなくてもいいのだと、この時に実感しました。日本人的な特徴を生かした貢献、自分の特性を生かした貢献はできます。

私はその後、ファシリテーション力が自分の一つの強みとなっていて、今でもとても大事なスキルとなっています。自分の強みは何かと、それを生かしてどんな貢献ができるかを真剣に考え、その強みを磨いていけば日本人はもっとグローバルに活躍できると思います。

COLUMN 6

「アサーティブ」に主張しよう

グローバルリーダーとの会議や、日本以外の国の人たちと進めるプロジェクトについての会議の席で、日本代表として自分の意見を述べる機会があります。自慢ではないですがわりと存在感を示し、評価されることが多いほうです。

日本人の同僚から時に、

「山田さんは、英語ができるから、ラクでいいよね」といわれることがあります。

確かに二度、留学もしているので、日本人社員の中で英語は得意なほうかもしれませんせん。しかし存在感を示せるのは決して英語力だけが理由ではないと確信しています。

グローバルな会議で評価されるのは、私が対立する意見をまとめるスキルを身につけていること、つまり自分が正しいと思う場合は、相手を尊重しつつも率直に意見を述べ、アサーティブに主張できるからだと思います。

もちろん時には、非常にイライラすることもありますが、会議の場では感情をコントロールし、穏やかに、かつ威厳と余裕を失わず、論理的に、「なるほど、その意見にも一理ありますが、こういう見方もできませんか？」といった具合に話すのです。これは、かつてＭＢＡで怒号が飛び交うような激しいグループワークの数々を乗り越えてきたおかげでしょう。

日本人の得意とする調整力で、多様な、時には玉石混淆の意見を上手にさばきながら、「おっ」と周囲に一目置かれる存在となり、その上で自分の意見を論理的に、アサーティブに主張する。

これができるようになれば、アグレッシブさでは負ける私たち日本人ですが、グローバルな場で認められ、場合によっては恐れられる存在になっていけると思うのです。

COLUMN 7

ヲタクマインドで、教養のある会話をしよう

本当のグローバルエリートたちと交流するような世界では、グロービッシュではない英語が話されています。知的で、教養やウィットの感じられる英語が求められるようになります。それこそアクセントやボキャブラリー、表現、レトリックの使い方が変わってきます。

また仕事の後の会食や、パーティーのような席で「雑談」をする時のコミュニケーションもだんだんと重要になってきます。

日本人としてはここでどうしたらいいのか？　発音やアクセントを完璧にするのは難しいとしても、豊かな語彙力、表現力を持ち、さらに話す内容が相手の知的好奇心を引き出せれば、十分だと思います。

「知的な会話といわれても……」と困惑される方もいらっしゃるかもしれません

が、ここで強みとなるのが、日本人が世界に誇る「ヲタクマインド」です。

私は、高校の時に英語劇部に入っていましたので、シェイクスピアやディケンズといったイギリスの文豪作品をひと通り読んでいました。ギリシア、ローマ神話も好きで、西洋の人が教養として持っているものは、だいたい、押さえていました。これが役に立ちました。さらに、ヲタクなので中国の古典や日本の平安時代や戦国時代の文化など、東洋のカルチャーについてもかなり幅広く網羅していました。そうなると、欧米人がシェイクスピアについて何かいっていても口を挟めます。

以前、とある会食の場でのことです。シェイクスピアの『ジュリアス・シーザー』で、ブルータスが語る「いい潮時」についての台詞を引用し、機会について語った人がいました。

（ブルータスの台詞）
およそ人の行いには、潮時というものがある。
うまく満潮に乗りさえすれば運は開けるが、
いっぽうそれに乗りそこなったら、
人の世の船旅は災厄つづき、

浅瀬に乗り上げて身動きが取れぬ。
いま、われわれはあたかも、
満潮の海に浮かんでいる、
せっかくの潮時に、流れに乗らねば、
賭荷も何も失うばかりだ。

There is a tide in the affairs of men.
Which, taken at the flood, leads on to fortune;
Omitted, all the voyage of their life
Is bound in shallows and in miseries.
On such a full sea are we now afloat,
And we must take the current when it serves,
Or lose our ventures.
（『ジュリアス・シーザー』 4幕3場より）

ここで私は、「実は日本にも潮時を表現した額田王《ぬかたのおおきみ》という宮廷女性歌人がいたんですよ」といって、額田王の和歌「熟田津《にきたつ》に船乗りせむと月待てば　潮もかなひぬ今は漕ぎ出でな」を英訳して紹介したのです。するとみんな「ほーっ」と感銘を受けていました。さらに「シェイクスピアが登場する約1000年くらい前のことですけれど」とつけ加えると、「さすが東洋は奥が深い」といった感じで一目置かれるではありませんか。

何かのジャンルで人に誇れるような知識を持っていれば怖くない。日本人は持ち前の「ヲタク力」を利用していけばいいと思います。まさに、「ヲタクは身を助く」です。ビジネスやこむずかしいことについて必死に勉強する必要はありません。皆さんが知的な興味を感じる分野を、楽しく追求していけば、教養は自然と高まります。

第7章のまとめ

1 グローバルに通用する人材になるためには、英語力はやはり必要

▶国際的に通用する専門スキルや汎用性の高いスキルを持つ人がグローバルに通用する人材です。しかしながら、汎用性の高いスキルにはコミュニケーション力が不可欠で、当然英語力も含まれます。

2 実際にグローバルに使われる英語はシンプル

▶いいたいことは端的に簡潔にいうことが大事で、SV、SVO、SVCのまずは3文型を使い倒すこと。

3 インストール中の英語は実際に使い、フィードバックをもらう

▶英語を学ぶ環境は、工夫次第で簡単にできる。英語を使う機会を積極的に作り、アウトプットを増やす。反復練習を繰り返して英語をインプットしながら、実際に使い、フィードバックをもらい、使い方を調整する。このサイクルを繰り返せば、英語の運用力はどんどん高まっていく。

4 英語のビギナーは、グロービッシュの1500語をインストール

▶グロービッシュとは、「共通語」としての英語のことで、1500語を用いれば、さまざまなビジネスシーンで意思疎通を図っていけるというもの。1500語を使いこなせば、ビジネスの場ではかなり対応することができる。

5 ポジションが上がると、「正統派」「知的」な英語が求められる

▶ビジネスエリートと頻繁に英語を使って仕事をするレベルを目指したい人は、どこかの段階でイギリスやアメリカなど正統な英語の発音や話し方を学ぶことをおすすめします。小ネタを挟さめれば、なおベター。

おわりに

本書は、キャリア構築やハイパフォーマンス人材の発掘・育成をテーマに15年以上活動してきた私が今までにいただいた、周囲の方たちからの相談や問いに対する回答です。相談者の方たちからさまざまな質問を受け、私なりに真剣に考えて答えを出す中で、これは世の中の、主に会社組織で働いている多くの方に役立つような知恵ではないだろうか、と思ったことが本書を書くきっかけとなりました。

相談者の方々は、大変真摯に、目の前の仕事に向き合ってきた方ばかりでした。しかし、キャリアの節目にふと今までを振り返る。すると、年月だけが急激な速度で過ぎ去ってしまっていることに気づく。引退するまでの未来についても思いを馳せてみる。急に、自分が心もとなく感じる。あと十数年以上ある会社員人生をいったいどのように過ごしたらよいのだろう……。

そのような方々に寄り添いたい、励ましたい、私も、私こそが、同じように悩み続けていますといいたい、そんな気持ちを抱えながら初めての執筆を進めました。この拙い一冊の中に、何かしら、皆さんにとって参考になる内容がありましたら、大変光栄です。

私の願いは、皆さんおひとりおひとりに、充実したキャリア人生を送っていただくことです。皆さんがいつか引退する日に、「自分の能力・ポテンシャルを存分に発揮して、本当に充実していたなあ」と深い充足感を得ていただくことが、私の喜びです。そして、可能であれば、皆さんの中からグローバルに活躍する方がひとりでも多く生まれてくればと思っています。日本が、技術だけでなく、人材を輩出する国として世界から認知されれば、人口が減少しても日本のプレゼンスは衰えないのではないでしょうか。

本書を執筆するにあたって、私が今までにお会いしてきた素晴らしい経営リーダーやクライアントの皆さま、魅力的な上司、有能な同僚、留学先の同窓生、見守り励まし続けてくれた両親、家族、友人、これらすべての方々に、心から感謝を述べたいと思います。また、原稿を書籍にまとめる際にお世話になりました、プレジデント社書籍編集部の渡邉崇さん、フリー編集者の原智子さんにも御礼を申し上げます。公私共にいろいろな話をしながら、クリエイティブなアイディアを追求する姿勢に感銘を受けました。チームとしてバリューを出す楽しさをあらためて感じました。世の中にＷＨＹを問いかける「チームＷＨＹ」（渡邉のＷ、原のＨ、山田のＹ）でまたお会いできる日があると嬉しいです。

この本を、私に惜しみない愛情と示唆を与えてくれ、私の人生が素晴らしく崇高なものになるように今も導いてくれている、父・山田武と母・山田映子に捧げます。

平成二十九年四月十一日　大安吉日（両親の結婚記念日に）　山田美樹

山田美樹（やまだ・みき）

1975年埼玉県行田市生まれ、行田市育ち。上智大学比較文化学部卒業後、オックスフォード大学大学院社会人類学修士（M.Phil）を経て、欧州系戦略コンサルティングファームCVA、グローバル会計事務所Deloitteに勤務。その後、ロンドンビジネススクールにてMBAを取得し、組織・人事領域を専門とするコンサルティングファーム、ワトソンワイアット（現Willis Towers Watson）に入社。これまで、大手企業を中心に15年以上、100社以上の経営戦略を実現する組織と、個人のミッションを実現するキャリアの構築を支援し、ハイパフォーマンス人材の発掘・評価も手がける。現在は、大手外資系ヘルスケア企業にて、社内の人事戦略立案、人事課題の解決に従事。共著に、『攻めと守りのブランド経営戦略』（税務経理協会）。GCDFキャリアカウンセラー（Global Career Development Facilitator）、認定レジリエンストレーニング講師。寄稿、講演多数。本書が初の単著。

外資系で学んだ

すごい働き方

2017年4月30日　第1刷発行

著　者　山田美樹
発行者　長坂嘉昭
発行所　株式会社プレジデント社
〒102-8641 東京都千代田区平河町2-16-1
平河町森タワー13F
http://president.jp　http://str.president.co.jp/str/
電話　編集(03)3237-3732
販売(03)3237-3731

構　成　原 智子
編　集　渡邉 崇
販　売　桂木栄一　高橋 徹　川井田美景　森田 巌　遠藤真知子
塩島廣貴　末吉秀樹
ブックデザイン　秦 浩司(hatagram)
制　作　関 結香
印刷・製本　凸版印刷株式会社

ISBN978-4-8334-2222-2
Printed in Japan